Norbert Bug · Denn ich will weiter

Norbert Bug

Denn ich will weiter

Meditationen, Ansprachen und Gebete
im Lesejahr C

PAUL PATTLOCH VERLAG · ASCHAFFENBURG

1982
© 1981 Paul Pattloch Verlag, 8750 Aschaffenburg
Umschlagentwurf: Hans Numberger
Satz und Druck: H. Neubert GmbH, Schloßberglein 2, 8580 Bayreuth
ISBN 3-557-91233-7

Inhalt

1. Adventssonntag — Lk 21, 25-28. 34-36
»Der Herr ist unsere Gerechtigkeit« 1
Einführung, Ansprache, Gebet

2. Adventssonntag — Lk 3, 1-6
»Liebe ist herzlich« 4
Ansprache

3. Adventssonntag — Lk 3, 10-18
»Was sollen wir tun?« 7
Einführung, Betrachtung

4. Adventssonntag — Lk 1, 39-45
»Weihnachten — Frieden schaffen« 10
Einführung, Ansprache, Fürbitten

Weihnachten
»Christ der Retter ist da« 14
Ansprache

Sonntag nach Weihnachten — Lk 2, 41-52
»Fest der heiligen Familie« 19
Einführung, Ansprache, Gebet

1. Januar
»Fest der Gottesmutter Maria —
Fest des Rosenkranzes« 23

2. Sonntag nach Weihnachten — Joh 1, 1-18
»Das wahre Licht kam in die Welt« 27
Ansprache

Sonntag nach Erscheinung des Herrn —
Lk 3, 15-16. 21-22
»Fest der Taufe des Herrn« 29
Anhaltspunkte einer Predigt

1. Fastensonntag — Lk 4, 1-13
»Fasten — eine religiöse Grundhaltung?« 31
Ansprache, Gebet

2. Fastensonntag — Lk 9, 28b-36
»Neue Wege gehen« 35
Einleitung, Ansprache, Gebet

3. Fastensonntag — Lk 13, 1-9
»Kehret um, erneuert Euch!« 39
Einleitung, Predigtskizze, Fürbitten

4. Fastensonntag — Jes 5, 9a. 10-12
»Essen vom Ertrag des Landes« 42
Einführung, Ansprache, Fürbitten

5. Fastensonntag — Joh 8, 1-11
»Auch ich verurteile Dich nicht« 45
Einführung, Ansprache, Gebet

Gründonnerstag — Joh 13, 1-15
»Begreift ihr, was ich an euch getan habe?« 48
Ansprache

»Meditation zum Karfreitag« 52

Ostern — Joh 20, 1-9
»Er sah und glaubte« 55
Ansprache

2. Sonntag der Osterzeit — Joh 20, 19-31
»Selig, die nicht sehen und doch glauben« 57
Ansprache

3. Sonntag der Osterzeit — Joh 21, 1-14
»Kommt und eßt« 59
Betrachtung

4. Sonntag der Osterzeit — Joh 10, 27-30
»Niemand kann sie aus der Hand
meines Vaters reißen« 61
Einführung, Ansprache

5. Sonntag der Osterzeit — Joh 13, 31-33a. 34-35
»Liebet einander!« 64
Einführung (zum Muttertag), Ansprache

6. Sonntag der Osterzeit — Joh 14, 23-29
»Jesus und die Zwölf« 69
Betrachtung

7. Sonntag der Osterzeit — Apg 7, 55-60
»Stefanus — eine Herausforderung« 72
Ansprache, Gebet

Pfingsten
»Pfingsten = Firmung?« 75
Einleitung, Predigtskizze, Fürbitten

Sonntag nach Pfingsten
»Dreifaltigkeitsfest« 79
Einführung, Ansprache, Fürbitten

2. Sonntag im Jahreskreis — Joh 2, 1-12
»Jesus läßt keinen allein« 83
Betrachtung

3. Sonntag im Jahreskreis — Lk 1, 1-4; 4, 14-21
»Liebe sieht tiefer als das Auge« 85
Ansprache, Gebet

4. Sonntag im Jahreskreis — Jer 1, 4-5. 17-19
»Ich bin mit Dir« 89
Einführung, Ansprache

5. Sonntag im Jahreskreis — Lk 5, 1-11
»Sie waren erschrocken über den Fang« 92
Betrachtung, Gebet

6. Sonntag im Jahreskreis — Lk 6, 17. 20-26
»Selig seid ihr« 94
Ansprache, Gebet

7. Sonntag im Jahreskreis — Lk 6, 27-38
»Welchen Dank erwartet ihr?« 96
Ansprache

8. Sonntag im Jahreskreis — Lk 6, 39-45
»Wovon das Herz voll ist,
davon spricht der Mund« 98
Ansprache, Fürbitten

9. Sonntag im Jahreskreis — Lk 7, 1-10
»Nicht einmal in Israel habe ich einen
solchen Glauben gefunden« 100
Betrachtung

10. Sonntag im Jahreskreis — Lk 7, 11-17
»Gott hat seinem Volk Gnade erwiesen« 102
Betrachtung

11. Sonntag im Jahreskreis — Lk 7, 36-8, 3
»Dein Glaube hat dich gerettet« 104
Ansprache, Gebet

12. Sonntag im Jahreskreis — Lk 9, 18-24
»Für wen haltet Ihr mich?« 107
Ansprache, Fürbitten

13. Sonntag im Jahreskreis — Lk 9, 51-62
»Willst du, daß wir Feuer
vom Himmel fallen lassen?« 110
Betrachtung

14. Sonntag im Jahreskreis — Lk 10, 1-12. 17-20
»Sagt den Leuten:
das Reich Gottes ist nahe« 112
Ansprache

15. Sonntag im Jahreskreis — Lk 10, 25-37
»Geh hin und handle genauso« 114
Betrachtung

16. Sonntag im Jahreskreis — Lk 10, 38-42
»Nur eins ist notwendig« 116
Einführung, Ansprache, Gebet

17. Sonntag im Jahreskreis — Lk 11, 1-13
»Herr, lehre uns beten« 119
Einleitung, Betrachtung

18. Sonntag im Jahreskreis — Lk 12, 13-21
»Hütet euch vor aller Habsucht!« 121
Einführung, Ansprache, Fürbitten

19. Sonntag im Jahreskreis — Weis 18, 6-9
»Erinnerung setzt Anfänge« 124
Ansprache

20. Sonntag im Jahreskreis — Lk 12, 49-53
»Ich bin gekommen,
um Feuer auf die Erde zu werfen« 126
Betrachtung

21. Sonntag im Jahreskreis — Hebr 12, 5-7. 11-13.
»Gott begegnet euch als Söhnen« 129
Betrachtung

22. Sonntag im Jahreskreis — Lk 14, 1. 7-14
»Freund, rücke weiter hinauf!« 131
Ansprache

23. Sonntag im Jahreskreis — Lk 14, 25-33
»Wer nicht auf seinen Besitz verzichtet,
kann nicht mein Jünger sein« 133
Betrachtung

24. Sonntag im Jahreskreis — Lk 15, 11-31
»Barmherzigkeit«. 136
Ansprache, Gebet

25. Sonntag im Jahreskreis — Lk 16, 1-13
»Der ungerechte Verwalter« 140
Einleitung, Ansprache

26. Sonntag im Jahreskreis — Lk 16, 19-31
»Glaube ist Wagnis«. 145
Ansprache

27. Sonntag im Jahreskreis — Lk 17, 5-10
»Wir haben nur unsere Schuldigkeit getan« 148
Betrachtung

28. Sonntag im Jahreskreis — Lk 17, 11-19
»Wir sind Ort des Heils füreinander« 150
Ansprache, Gebet

29. Sonntag im Jahreskreis — Lk 18, 1-8
»Gott schafft Recht« 153
Ansprache, Fürbitten

30. Sonntag im Jahreskreis — Lk 18, 9-14
»Gott, sei mir Sünder gnädig!« 155
Betrachtung

31. Sonntag im Jahreskreis — Lk 19, 1-10
»Bei einem Sünder ist er zu Gast« 157
Betrachtung

32. Sonntag im Jahreskreis — Lk 20, 27-38
»Er ist kein Gott der Toten« 160
Einführung, Ansprache, Gebet

33. Sonntag im Jahreskreis — Lk 21, 5-19
»Bleibt standhaft, und Ihr werdet
das Leben gewinnen!« 164
Betrachtung

34. Sonntag im Jahreskreis — Lk 23, 35-43
»Christkönigsfest« 166
Betrachtung

Besondere Anlässe:

»Tag der Ewigen Anbetung« 169

»1. Mai« 174

»Denn ich will weiter — Nachfolge Jesu« 179
Betrachtung zu Epheser 3, 20-21

»Allerheiligen« 182

»Erntedank« 186

1. Adventssonntag (Lk 21, 25-28. 34-36)

»*Der Herr ist unsere Gerechtigkeit*«

Einführung:

Angst — es ist zum Schlagwort in unserer Zeit geworden. Angst beklemmt uns, wenn wir die politische Situation unserer Tage sehen, wenn wir das Miteinander der Menschen im Alltag erfahren. Angst vor dem Heute, Angst selbst vor dem Überleben.
In diese Situation hinein klingt die Botschaft des Jeremia (Erste Lesung: Jer 33, 14-16) wie eine Verheißung aus unendlicher Ferne, der Zuspruch des Paulus (Zweite Lesung: 1 Thess 3, 12-4, 2) wie der letztmögliche Verhaltensweg und der Text des Evangeliums wie die Berichterstattung in unserer Presse. Es scheint, daß darum diese Worte uns treffen. Ihre Aktualität wird neu.

Ansprache:

Kürzlich fiel mir ein Fotoband über die Entstehung und die Geschichte der Erde in die Hände. Die Bilder hielten meinen Blick gefangen: Wie gewaltig ist doch die Macht der Elemente, wie wunderbar geschah die Entfaltung der Natur aus kaum zu erforschenden Anfängen. Und stünde über dem Foto der aufbrechenden Welt das Wort des Jeremia »Seht, Tage werden kommen ..., da erfülle ich das Heilswort ...« — es könnte nicht treffender gesetzt werden. So viel frohe Hoffnung, Warten auf etwas Großartiges, wären Eindrücke solcher Betrachtungen.
Manchem Menschen, so glaube ich, ergeht es ähnlich, wenn er solche Bilder betrachtet. Nicht umsonst finden sich in vielen Büros statt der früher bekannten Sammlung von Pin-upgirls heute bemerkenswerte Poster mit Fotos einer friedvollen Welt, des Raumes von Frieden und Geborgenheit. Diese Entwicklung spricht sicher vom wachsenden Suchen der Menschen nach Oasen der Stille inmitten einer Welt, der sie sich nicht mehr gewachsen fühlen. Die Weiterentwicklung der Technik hat für viele Menschen beängstigende Ausmaße angenommen, die ihren Arbeitsplatz bedrohen, sie nicht mehr selbst ihren Lebensvollzug bestimmen lassen. Ohnmächtig schauen wir zu, wie »irgendwer« Computer steuert,

die mehrere Menschen ersetzen. Aus weiter Ferne betrachten wir die schrecklichen Berichte über Kriege, die »niemand gewollt hat« und die tausenden von Menschen die Existenz rauben. Das Höchstmaß der Paradoxie besteht schon darin, daß Menschen als »Linke«, als »Aussteiger«, als »Anarchisten« bezeichnet werden, die dem entgegenwirken wollen und sich in Gruppen, etwa zur Erhaltung eines Naturgebietes, zusammenschließen. Wo sind die Maßstäbe für solche Urteile? Was zählt eigentlich der Mensch? Erwarten wir, daß die Umwelt sich noch selbst regenerieren kann, wenn wir sie ausbeuten und zerstören, wo die Entwicklung Millionen von Jahren brauchte, um sich heute so darzubieten?

Unsere Hoffnung ist in diesen Tagen neu auf den Sproß Davids gerichtet, von dem wir das Heil erwarten. Dieser Sproß ist Wirklichkeit geworden, doch versperren wir unsere Türen, unsere Herzen und unseren Verstand vor ihm seit 2000 Jahren. Jährlich erwarten wir die plötzliche Wende alles Bösen an diesem bevorstehenden Festtag seiner Geburt. Vielleicht sind wir darum so enttäuscht, weil dies nicht eintritt. Denn spätestens in der Silvesterstimmung gehen alle unsere Erwartungen und Hoffnungen unter im alkoholisierten Lärm der Neujahrsraketen.

Schauen wir aber auf den Text der Lesung aus dem Thessalonicherbrief, so spüren wir, daß wir keinen »deus ex machina« erwarten dürfen, der die Verstrickungen mit einem Schlag löst.

Vielmehr sind wir auf das langsame Wachsen und Reichwerden, das Lernen des Lebens nach dem Willen Gottes, der täglichen Heiligung unseres Lebens verwiesen. Vielleicht geht es uns nicht schnell genug: dem einen der Zugewinn an Reichtum und Macht, dem anderen die bewußtere Lebensführung, die Rückbesinnung.

Was uns aber fehlt, ist die Geduld für den Reifungsprozeß, der für die menschliche Vollkommenheit ebenso wichtig ist wie die Reifung z.B. der Trauben für einen exzellenten Wein.

Wir sollten die Wochen des Advent nutzen für das Hineinhören in die Stille, auf das Zeichen Gottes, auf sein Wort. Lassen wir uns wirklich erschüttern von den Geschehnissen in unserer Welt, lassen wir das Brausen und Toben der

Mächte, in das sich das Klagen der Verfolgten mischt, nicht untergehen im Dröhnen der Musikboxen oder in der Geschäftigkeit des vorweihnachtlichen Rummels. Gottes Nähe wird spürbar für jeden von uns, der sich einläßt auf das Wachsen mit Christus, der Gott im Gebet zu sich sprechen läßt und seinem Wort folgt. Der Sproß Davids tritt neu in unser Leben. Diese immer gültige Verheißung kann unser Leben verändern, wenn wir ihm Raum lassen.

Gebet

Herr, unser Gott, unsere Tage entschwinden wie die Wolken des Himmels. Noch ehe wir ihren Sinn begreifen, sind sie dahin. Unser Suchen klammert sich an 1000 »wichtige« Dinge, so daß wir Dein Kommen nicht wahrnehmen.
Schenke uns die Kraft aus der Stille, den Mut zum Leben nach Deiner Botschaft. Öffne unsere Herzen, schärfe unseren Verstand und lenke unsere Schritte dorthin, wo Du bist als der Weg, die Wahrheit und das Leben. Amen.

2. Adventssonntag (Lk 3, 1-6)

»Liebe ist herzlich«

Ansprache

Der jüdische Philosoph Martin Buber erzählt in einer seiner »Chassidischen Legenden«, wie der Rabbi Menachem Mendel einmal einige gelehrte Männer, die bei ihm zu Gast waren, mit der Frage überraschte: »Wo wohnt Gott?« Die lachten ihn aus: »Wie redet Ihr? Ist doch die Welt seiner Herrlichkeit voll«. Er aber beantwortete die eigene Frage: »Gott wohnt, wo man ihn einläßt«.
Möglicherweise sind Sie jetzt überrascht. Hatten die Gäste nicht recht? Haben wir nicht gelernt: Gott durchwaltet die Welt; er ist allgegenwärtig? — Aber so richtig das sein mag, es hilft uns nichts. Gott ist uns nur dort nahe, wo wir ihn einlassen.
Der Advent, die vorweihnachtliche Zeit, ist so überladen von Weihnachtsvorbereitungen, von hektischer Sorge um die Gestaltung eines schönen Festes. Wenn Sie durch die Straßen unserer Städte gehen, erleben Sie, wie man eilend von Geschäft zu Geschäft hetzt, um ja nichts zu versäumen. Und die Geschäfte wollen uns dazu noch Ratschläge für passende Geschenke geben. Davon, daß diese Ratschläge fast alle erst bei einem Betrag von über 100,— DM beginnen, möchte ich nicht reden — eine »Herzensgabe« scheint eben sehr »wertvoll« zu sein.
Aber in der Lesung des heutigen Sonntags hat mich besonders ein Satz beeindruckt: »Gott ist mein Zeuge, wie ich mich nach euch allen sehne mit der herzlichen Liebe, die Christus Jesus zu euch hat«.
Alles spricht von »Liebe«. Sie scheint d a s Thema zu sein. Aber jeder versteht etwas anderes darunter: Die Reklametafeln in den Geschäften, die uns auffordern, zum Fest der Liebe das Beste zu schenken, haben sicher einen anderen gedanklichen Hintergrund als z. B. ein junges Paar, das zueinander von der Liebe spricht oder ein Kind, das von der Liebe der Eltern lebt. Fürsorger, Sozialarbeiter, Ärzte, Pfarrer — sie alle sprechen von Liebe. Kaum ein Wort wird dabei so oft vermißt, wie dieses Wort. Liebe ist für viele Spaß, Zeitvertreib, Vergnügen, etwas, das Leben und Wonne bringt,

weil das Leben sonst nicht zum Aushalten wäre — Liebe ist gefragt.

Aber das Wort des Paulus, die **herzliche Liebe**, die Christus zu euch hat, — dieses Wort meint sicher noch mehr. Denn wo das Herz nicht ist, kann von Liebe keine Rede sein, mag auch die Aufmachung der Geschenke noch so großartig sein, mögen die täglichen Zeichen der Liebe noch so nett gestaltet sein.

Ein Mann bringt seiner Frau jeden Tag kleine Aufmerksamkeiten aus der Stadt mit. Nach mehrjähriger Ehe stehen am Geburtstag der Frau keine Blumen auf dem Frühstückstisch. Da wußte die Frau, wieviel es geschlagen hatte. Bald darauf wurde die Ehe geschieden — trotz der vielen »Liebeszeichen«. Mit Liebeszeichen kann man sich von der Liebe loskaufen, Liebe vortäuschen. Herzlich aber hat mit »Herz« zu tun.

Wir wissen sehr genau, wieviele Hügel es gibt, die abgetragen werden müssen, wie viele Abgründe und Trennungsmauern es zwischen Mann und Frau, Eltern und Kindern gibt! Wie viele gehen sich aus dem Weg — sind sich »im Weg«!

Es kommt schon sehr darauf an, wie wir Gottes Wohnung bereiten. Wir müssen uns klar werden, ob wir Gott überall wohnen lassen wollen — oder in uns.

Im NT meint »Herz« das Tiefste, Innigste, Zarteste und Persönlichste eines Menschen. Wer sein Herz verschenkt, gibt nicht nur etwas. Denn etwas ist weniger als viel. Er gibt auch nicht viel, denn viel ist weniger als alles. Er gibt auch nicht alles, denn alles ist weniger als ich selbst. Wer sein Herz verschenkt, gibt sich selbst. Diese herzliche Liebe hat ihr Maß an dem, der die Liebe nicht nur hat, sondern Liebe in Person ist, an Gott. Gott ist Liebe, sagt Johannes (1 Joh 4, 8). Gott ist Liebe in Person, ist unendliche Schenkerfreude, Schenkerlust. Er kann es nicht lassen, den Menschen zu lieben.

— Jesus praktizierte diese herzliche Liebe. Er hatte Zeit für den einzelnen: für die Samariterin am Jakobsbrunnen, für die Ehebrecherin, für die Jünger. Er versteht sich als einer, bei dem die Gehetzten und Geplagten Ruhe finden.

Wie oft höre ich bei Hausbesuchen, man habe keine Zeit, keine Zeit zum miteinander Ausgehen, keine Zeit für einen

2. Adventssonntag (Lk 3, 1-6)

Spaziergang, keine Zeit, sich in einem Verein mit anderen zu treffen, keine Zeit zum sonntäglichen Gottesdienst — für alles gibt es einleuchtende Entschuldigungen.
Die Jahre unseres Lebens sind nur eine kurze Zeitspanne. Aber Gott hat uns diese Zeit gegeben, damit wir sie ausfüllen. Ist es sinnvoll, die wenigen Jahre auszufüllen mit hektischem Tun, aneinander vorbeigehen, Feindschaften pflegen? — Ist es nicht viel sinnvoller, die Jahre unseres Lebens so einzurichten, daß Gott in uns seine Wohnung findet, die herzliche Liebe zu lernen, die von ihm kommt?
Herzliche Liebe ist dort, wo man »mit dem Herzen sieht«.
— das ist lernbar! Gott wohnt dort, wo man ihn einläßt, dafür gilt es, sich zu öffnen.
Gerade jetzt in der Adventzeit sollten wir uns darum bemühen, uns auf das »Fest der herzlichen Liebe Gottes« so vorzubereiten, daß nicht äußere Dinge den Grad unserer Liebe anzeigen, sondern wir auch im täglichen Leben mehr und mehr die herzliche Liebe Gottes weitertragen, uns wieder Zeit füreinander schenken. — Das Buch der Prediger sagt:
Für alles gibt es eine Zeit
  eine Zeit zu weinen
  eine Zeit zu lachen
  eine Zeit zu klagen
  eine Zeit zu tanzen
  eine Zeit zu suchen
  eine Zeit zu verlieren.
Die Antwort auf unser Leben sollte nicht lauten: Herr, ich habe die Zeit, die du mir gegeben hast, verloren?!

3. Adventssonntag (Lk 3, 10-18)

»Was sollen wir tun?«

Einführung

Jubel und Niedergeschlagenheit liegen oftmals nahe beieinander. Nicht nur im Leben des pubertierenden jungen Menschen sind diese beiden Extreme wiederkehrende Erfahrungen. Auch der Erwachsene spürt heute mehr denn je, daß die Sicherheit des gestrigen Tages heute schon zerstört werden kann.
Darum ist auch seine Sorge um die Dinge des Alltags größer geworden. Er möchte gerne frei sein von solchen Ängsten und erfährt sich oft hoffnungslos gebunden an eine Wirklichkeit, die er nicht begreift.
Herr, in dieser Situation wissen wir nicht mehr ein noch aus und rufen aus ganzem Herzen um Deine Hilfe:
Herr, erbarme Dich unser. Christus, erbarme Dich unser. Herr, erbarme Dich unser.

Betrachtung

Johannes, der Täufer, käme in unseren Tagen wahrscheinlich »groß raus«. Er wäre ein echter Star. Viele würden ihm zuhören, Schallplatten seiner Songs — singen müßte er schon! — kaufen, ihn tatsächlich als einen großen Propheten betrachten. Wahrscheinlich käme er auch am Broadway an. So ein ausgeflippter Typ wie er würde auch von den Geschäftsleuten bemüht, da man sich von ihm, d. h. seiner Kleidung und seinen Lebensgewohnheiten, einen Riesengewinn erhoffen könnte.
Wen wundert es, wenn die Menschen zu seiner Zeit in Scharen zu ihm strömten wie heute zu den Gurus in Indien. Es ist kaum verwunderlich, daß sie ihn als »Messias« anschauten und ihn fragten: »Was sollen wir tun?«
Eigenartig finde ich nur, daß diese Frage heute ebenso von Bedeutung ist wie damals. Wurde sie doch schon von ihm beantwortet, wurde diese Antwort doch von Jesus gelebt, von seinen Jüngern verkündet und weitergetragen.
Eigenartig finde ich auch, daß Menschen wie z. B. ein Franz von Assisi diese Antwort radikal ernst nahmen, sie lebten, viele Tausend in ihre Nachfolge zogen — und dennoch steht dieselbe Frage noch immer im Raum.

3. Adventssonntag (Lk 3, 10-18)

Eigenartig finde ich es, daß in unserer Zeit Menschen, die sich durchaus nicht das christliche Glaubensbekenntnis an das Revers heften, daß solche Menschen dieselben Aussagen machen wie Johannes der Täufer. Sagt nicht ein Forscher Jacques Cousteau, daß wir anders leben müssen, wenn wir noch Zukunft haben wollen? Sagte nicht ein Atomforscher wie Wernher von Braun, daß mit der Macht des Atoms Heil und Vernichtung der Menschen möglich seien?

Eigenartig finde ich es, daß der, der uns mit hl. Geist und Feuer taufen wollte, schon da war, ja immer unter uns lebt — aber ich glaube, wir haben uns viel Mühe gegeben, dieses Feuer zu löschen.

Es könnte sein, daß die heute nötige Antwort zu finden ist: Johannes meinte, er sei nicht wert, diesem Jesus, dem wirklichen Messias, die Schuhriemen zu lösen. Mit so viel Achtung sprach er von ihm, mit so viel Klarheit begegnete er ihm, mit so viel Wissen, Glaube und Liebe ehrte er ihn. — Ich meine, wir machen es uns damit oft leicht: Wir bekennen uns am Sonntag zu Christus, wenn wir einmütig im Gottesdienst versammelt sind. Im Alltag aber lebt er in der Gebetsnische oder in dem Kreuz, das unsere Wohnung ziert. Wo aber bleibt unsere tägliche Antwort aus seinem Geist in unserem Beruf, bei den Gesprächen in der Freizeit, in unserem Denken und Alleinsein. Wir haben uns Christus zu sehr zu eigen gemacht als daß wir uns noch von ihm ansprechen lassen könnten. Zu sehr haben wir ihm Dome gebaut, Schätze gesammelt, Liturgien gestaltet, die ihm das Wirken nach von uns festgelegten Ritualen gestatten.

Ich hoffe, daß Gott mit der Schaufel in der Hand auch heute seine Tenne säubert. Und zugleich habe ich Angst, weil die Reinheit des Weizens nicht immer in meinem Leben ihre Frucht zeigt. Aber ich weiß, daß die einzige Antwort auf alle Fragen unseres Lebens enthalten ist in dem Beispiel, das Christus uns gibt.

Versuchen wir in den uns verbleibenden Tagen bis zum Fest seiner Menschwerdung uns zurückzubesinnen auf seine Botschaft: »Der Herr ist nahe! Sorgt euch um nichts, sondern bringt in jeder Lage betend und flehend eure Bitten mit Dank vor Gott! Und der Friede Gottes, der alle Vernunft übersteigt, wird eure Herzen und eure Gedanken in der Gemeinschaft mit Christus Jesus bewahren«.

Diese Worte aus dem Philipperbrief werden jedem zur Wahrheit werden, der sich in Achtung, Ehrfurcht und Liebe Jesus nähert und ihn um Antwort bittet für sein Leben.

4. Adventssonntag (Lk 1, 39-45)

»Weihnachten — Frieden schaffen«

Einstimmung

Nur noch wenige Tage trennen uns von dem Weihnachtsfest. Die Vorbereitungen sind abgeschlossen und man freut sich schon darauf, wieder ein paar ruhige Tage, ohne die Hetze des Alltags, verleben zu können.

Freude über das Kommen Christi zu uns und Freude über unsere Begegnungen mit anderen Menschen, darin kann der tiefe Sinn der Weihnacht liegen. Denn Begegnung mit Christus bedeutet immer Begegnung in Liebe, im Sakrament und im Wort. Jesus, das zur Wirlichkeit gewordene Wort Gottes hat es gewagt, zu uns Menschen zu kommen. Dieses Wagnis, unter Menschen zu gehen, die uns brauchen, ob sie uns mögen oder nicht, dies ist mein Weihnachtswunsch für Sie alle.

Ansprache

Bücher sind nicht jedermanns Sache. Schon bei der Auswahl eines Buches scheiden sich die Geister. Was der eine gelangweilt beiseite schiebt, lobt der andere über alles. Und was mir als Zumutung erscheint, ist für den anderen eine entscheidende Sache. Heinrich Böll ist gewiß nicht jedermanns Sache; nicht daß er langweilig wäre, eher schon, weil manches seiner Bücher uns aus liebgewordenen Träumereien aufschreckt. Viele werden es als eine Zumutung empfinden, wenn man ihnen kurz vor Weihnachten die bissige Satire »Nicht nur zur Weihnachtszeit« empfiehlt — und das noch in der Kirche. Es ist die groteske Komödie einer immerwährenden Weihnacht für Tante Milla, der die Familie das ganze Jahr hindurch die Illusion aufrechterhält, als sei ständig Weihnachten. Der Weihnachtsengel auf dem Weihnachtsbaum muß täglich »Friede! Friede«! singen. Und das, obwohl die Familie längst zerstritten und die Welt durchaus nicht mehr in Ordnung ist. Tante Milla merkt das nicht. Sie träumt weiter, sie lebt in einem Luftschloß, und keiner ist bereit, sie aus ihrer Träumerei zu wecken — um des lieben Friedens willen.

In der Weihnachtszeit ist bei uns sehr viel vom Frieden die Rede. Auch in den Kirchen, auch heute am vierten Advent-

4. Adventssonntag (Lk 1, 39-45)

sonntag. War der Prophet Micha ein Träumer? Ist seine Verheißung vom universalen Frieden, die wir in der Lesung hörten, nicht eine Zumutung? Wie mögen seine Worte vor mehr als 2500 Jahren geklungen haben, als Micha seinem bedrängten Volk den Befreier verhieß, der für die ganze Welt Sicherheit und Frieden bringen werde? Und wie klingen diese Worte heute in der Welt, hier in unserem Gottesdienst, wenige Tage vor Weihnachten? Eines ist sicher: Der Prophet hatte es nicht leicht. Er war einer derer, die versuchen, in Zeiten der Verwirrung einen klaren Kopf zu haben und den Menschen bittere Wahrheiten zu sagen. Soziale Mißstände zerrütteten sein Land: Ungerechte Richter, bestechliche Regierungsbeamte, habgierige Grund- und Boden-Spekulanten bereicherten sich auf Kosten der kleinen Leute. Außenpolitische Sorgen kommen dazu. Das Land ist geteilt, der Norden seit Jahren von den Assyrern besetzt, und nun droht dem Süden mit der Hauptstadt Jerusalem ein ähnliches Schicksal. Micha macht den Frieden zu seiner Sache.

Aber er ist weder Sozialreformer noch Politiker. Er sieht und deutet die Situation aus der Perspektive Jahwes. Er wagt es, nach den Ursachen der Not zu fragen. Er stiftet Unruhe, indem er mahnt und aufrüttelt. Und — was noch schwieriger ist und manchem als Zumutung erscheint: Er wagt es, Gottes Hilfe anzubieten. Für Micha steht fest: Die Not seines Volkes hängt damit zusammen, daß es sich von Jahwe abgewandt hat. Dennoch werde Gott sein Werk nicht für immer verlassen, sondern einen Retter schicken, der Freiheit und Frieden wieder herstellt. Mehr noch: »Er selbst wird Friede sein«.

Wovon träumen wir Christen kurz vor Weihnachten, dem Geburtsfest des Messias, den Micha seinem Volk verhieß? Haben unsere Weihnachtswünsche etwas mit Jesus von Nazareth zu tun? Er hat uns aufgetragen, mitzubauen an seinem Reich, das allen Menschen Frieden und Freiheit garantieren will. Es wäre ein Mißverständnis, diesen Frieden teilen zu wollen: Einen für diejenigen, die sich in den Kirchen aufs Jenseits vorbereiten und einen für die Politik, den man gefälligst den Politikern zu überlassen hätte; einen anderen Frieden vielleicht noch für den Weihnachtsbaum und für die Familie.

4. Adventssonntag (Lk 1, 39-45)

Und noch eins: Krieg ist nicht nur da, wo geschossen wird, und Friede noch lange nicht überall dort, wo die Waffen schweigen. Von Krieg muß man auch dann sprechen, wenn Menschen so sehr in physischer oder psychischer Not leben, daß sie um ein menschenwürdiges Dasein kämpfen müssen. Und wer beschwichtigend zusieht, ob aus unmittelbarer Nähe oder mit einer Flasche Bier vor dem Fernsehen und dann lediglich sagt, da könne man nichts machen, da dürfe man sich nicht einmischen um des lieben Friedens willen, der sollte sich dabei keinesfalls auf Jesus von Nazareth berufen. Worauf warten wir am vierten Adventsonntag? Was erhoffen wir uns, wenn wir hier im Namen Christi versammelt sind und, wie wir sagen, »seine Ankunft erwarten«? Käme es nicht darauf an, die Ankunft des Messias so zu erwarten, daß wir die ersten Schritte zum Frieden wagen? Etwa da, wo wir uns überlegen, ob wir die diesjährige Adveniat-Sammlung unterstützen. Vielleicht hilft dieser Beitrag, einigen den notwendigen menschenwürdigen Lebensraum zu verschaffen und damit den Glauben an einen möglichen Frieden zu finden. Oder etwa dadurch, daß wir den anderen einen Vorschuß an Vertrauen gewähren? Überall da, wo wir in diesen Tagen Menschen begegnen: in unserer Familie, im Kreis unserer Bekannten, aber auch dem lästigen Nachbarn, der uns nicht grüßen will? Ein weiterer Schritt könnte darin bestehen, den anderen besser kennenzulernen: seine Interessen, seine Wünsche, seine Ängste. Wir müssen überlegen, wie wir besser ins Gespräch kommen, wie sich seine Bedürfnisse mit unseren eigenen treffen. Wäre es eine Zumutung, solche Überlegungen auch für das soziale und das politische Leben anzustellen?

Jesus von Nazareth, dessen Geburtsfest wir feiern, hat denjenigen das Heil verheißen, die Frieden stiften. Für uns ist es keine Zumutung, zu glauben, daß die Verheißungen in Erfüllung gehen werden: wenn es Menschen gibt, die die Verantwortung für diese Hoffnung auf sich nehmen; wenn es Christen gibt, die den Frieden zu ihrer Sache machen und die Welt in diese Richtung hin verändern. Dann ist Weihnachten keine Flucht in die Idylle und Frieden kein leeres Wort. Dann bauen wir nicht an Luftschlössern, sondern an der Zukunft des Menschen und Gottes Ankunft. Diese Sehnsucht und diese Hoffnung will Adveniat allen geben, daß Unrecht und Gewalt nicht das letzte Wort haben werden in dieser Welt. Diese Sehnsucht gehört zu allen Menschen — nicht nur zur Weihnachtszeit.

Fürbitten

P. Laßt uns beten zu unserem Herrn Jesus Christus, dem Erlöser der Welt:

V. Stärke in uns die Hoffnung auf das Fest »der herzlichen Liebe Gottes«.

V. Hilf den Verantwortlichen in Kirche und Welt, den Weg in unserer Zeit durch Gerechtigkeit und Frieden zu ebnen.

V. Erwecke in uns den Geist der Liebe, die Zeugnis gibt von Deiner Liebe.

V. Gib den Verzweifelten, den planlos Lebenden, den Suchenden eine Möglichkeit der Ruhe, damit sie Dich finden.

V. Nimm von uns alle Mutlosigkeit und erfülle uns mit Hoffnung und Freude.

P. Denn Du bist es, der da kommen wird in Macht und Größe, in der unendlichen Liebe des dreifaltigen Gottes. Amen.

»Christ der Retter ist da«

Ansprache

Wenn wir uns die Botschaft von der Menschwerdung Christi vor Augen halten, so kommen wir zur Frage: Was bedeutet dies in der heutigen Zeit? Welche Bedeutung hat für mich Weihnachten? Ist es nur das Fest der Geschenke und der Liebe — sei sie nun echt oder auch bloß vorgetäuscht? In den Kaufhäusern schallt es uns entgegen: Christ der Retter ist da! Christ der Retter ist da! — Ist Christus von mir überhaupt erwartet? Oder bin ich froh, wenn die Feiertage mit ihren vielen, reichhaltigen Mahlzeiten vorüber sind?
Doch meine ich, sollte sich hierauf jeder selbst die Antwort geben. Da muß schon jeder selbst wissen, ob für ihn die Christmette reine Traditionssache ist, ein Gottesdienst, den man besucht, weil es schon immer so Brauch war und weil er irgendwie zu der weihnachtlichen Stimmung gehört.
Ich meine, als Christen haben wir noch einen anderen Grund, warum wir eine echte Weihnachtsfreude genießen sollten. Christus ist geboren. Da ist einmal die Freude über ein neugeborenes Kind, die jeden Menschen trifft, wenn er nicht verhärtet ist. Zum anderen ist mit diesem Kind etwas besonderes. Hier wird der große unendliche Gott Mensch. An diesem Tag hat Gott seine Schöpfung auch für uns Menschen sichtbar angenommen. Heute wiederholt sich dieser Tag, an dem wir das Ereignis feiern, daß Gott Ja sagt, ja zu allem, was er erschaffen, ja besonders zum Hauptwerk seiner Schöpfung, zum Menschen. Dieser große Gott wird klein, er erniedrigt sich selbst, er nimmt die Gestalt der Menschen an. Der Satz aus der Genesis stimmt also, wo es heißt: »Laßt uns den Menschen schaffen nach unserem Ebenbild«. Gott wird durch nichts mehr von den Menschen unterschieden, außer der Sünde. Er erträgt alle Mühen, alle Sorgen um das tägliche Einkommen, er erträgt Hitze, Kälte, Alleinsein, Lieblosigkeit und Treue, wie sie Menschen untereinander kennen.
Und wenn wir heute diese Nacht feiern, dann bedeutet das nichts anderes als: »Er kam in sein Eigentum, doch die Seinigen nahmen ihn nicht auf«. Wie oft passiert das Christus. Wie oft wird er ausgelacht und abgelehnt. Und wie oft pas-

siert uns das. Wie oft sagen wir: »Das hat doch alles gar keinen Zweck, um diesen Menschen brauchen wir uns nicht mehr zu bemühen, das ist vergebliche Liebesmüh«. Dieser Gott aber, der in die Nacht unserer Welt, in die Schattenseiten der Kultur hineingeboren wird, der die Not schon spürt, noch ehe er richtig denken kann, dieser Gott erlebt als Mensch alles, was uns Menschen an Mühsal und Schwierigkeiten entgegensteht. Hier ist er nicht mehr der große Gott, dem alles gar nichts ausmacht, der nicht friert, der keine Angst hat. Nein, hier ist er Mensch wie wir. Dieses Geheimnis der Weihnacht hat seinen Glanz auch heute noch nicht verloren. Dies ist ein Geheimnis, das wir eigentlich nur im Glauben nachvollziehen können. Denn wer von uns kann schon alles rational nachvollziehen, alles verstehen, was uns da berichtet wird.

Die äußere Form des Berichtes zeigt uns, daß alles ein Zeugnis des Glaubens der ersten Christen ist. Die Evangelisten überlieferten uns da, was sie von diesem Christus glauben, als er ihnen die Frage vorlegte: »Und ihr, was haltet ihr vom Menschensohn?« — Und wir, was halten wir vom Menschensohn? — Diese Frage ruft auf, diese Frage läßt uns niemals in Ruhe — Thomas von Aquin sagt: »Bis wir Ruhe gefunden haben in dir!« — Ruhe, das ist einer unserer Wünsche an Weihnachten, das war der Wunsch auch der damaligen Welt, die auf den Erlöser wartete, der die Israeliten aus der Gewalt der Römer befreien sollte. Ruhe, das ist aber auch das, was Christus niemals gefunden hat. Kurz nach seiner Geburt fängt es schon an, man verfolgt ihn, man versucht ihn zu töten. Später stellt man ihm Fallen, später verurteilt man ihn zum Tode.

Und diese Ruhelosigkeit ist auch uns heute übertragen. Wer von uns kann Weihnachten einmal ganz abschalten und sagen, nun ist Ruhe und Frieden in unser Haus eingekehrt? Nun ist alles wieder in Ordnung, was vorher noch Streit war. Wir feiern zwar in fast allen Häusern Weihnachten in dem Gefühl, daß heute der Friede eingekehrt ist — doch der dauert nur bis zum 27., dann ist alles wieder beim alten. Wir singen von der stillen Nacht, der heiligen Nacht, in die hinein Gott geboren wurde. — Und es ist doch etwas Wahres dabei. Dieser Gott will uns nämlich Stille und Heiligkeit schenken. Wir können sie wirklich finden, wenn wir absehen von dem äußeren Bild, das uns vermittelt wird. Christus selbst ist diese Ruhe. Er ist der Pol unseres Lebens. Er ist gekommen, weil er uns das Schwert bringen wollte gegen die Ungerechtigkeit und Not in der Welt. Und auf der anderen Seite liegt der Friede, den er verheißt. Der Friede, den wir empfangen, wenn wir einem anderen beigestanden sind. Der Friede, den wir empfangen, wenn wir uns von uns gelöst haben und gemerkt, daß wir nicht so wichtig sind. Der Friede, den wir empfinden, wenn wir zu dem Glauben gefunden haben, daß dieser Gott, der damals vor so langer Zeit zu uns kam, daß dieser Gott auch heute immer wieder zu uns kommt.

»Weihnachten bedeutet mir nichts mehr«, das ist ein stereotyper Satz, den wir immer wieder auf der Straße hören. »Weihnachten ist doch nur das große Fest für die Geschäfte«. — Und wenn es heute so aussieht, dann ist es unsere Pflicht, unsere Aufgabe als Christen, dem entgegenzurufen, daß dies nicht stimmt. Weihnacht ist vielmehr das Fest, an dem Christus durch das Ja eines Menschen menschliche Gestalt annehmen konnte. Sicher hätte er uns auch auf irgendeine andere Art die Erlösung zukommen lassen können. Gott zeigt, daß er den freien Willen des Menschen hoch achtet, er zeigt, daß er nur dann zu uns kommt, wenn wir uns für ihn bereiten. Er steht da. Er bietet sich an. Er fragt immer wieder, auch dich jetzt an Weihnachten, ob er zu dir kommen darf. Er fragt dich, ob er bei dir Mensch werden kann. Er fragt, ob du es zuläßt, daß durch dich den anderen Menschen Heil gebracht werden kann. Maria, seine Mutter hat diese Frage mit Ja beantwortet. — Und du kannst dasselbe tun. Du kannst stets erneut Christus in dir Mensch werden lassen. Löse dich nur von dir selbst und sieh, daß Christus dich ruft. — Du sagst, Gott antwortet nicht, ich kann Gott nicht erkennen. — Ja, das stimmt, weil du nicht hinhörst. Vielleicht wollte dir Christus gerade heute Nacht sagen: Du bist nicht der harte, brutale Mensch, für den du dich ausgibst. Leg endlich diese Schale ab, die nicht deine eigene ist. Öffne dich, wenn du von anderen angesprochen wirst. Hast du heute abend gemerkt, wie deine Frau sich gefreut hat, als du ihr ein frohes Weihnachtsfest gewünscht hast und sie seit so langer Zeit einmal wieder in deine Arme genommen und ihr gezeigt hast, daß sie deiner Treue sicher sein kann? Hast du da gemerkt wie ihre Augen gestrahlt haben? Hast du gemerkt, wie deine Kinder sich gefreut haben, daß du einmal den ganzen Abend bei ihnen warst und dein Geschäft zur Seite geschoben hast? Hast du gemerkt, wieviel Glück du geben kannst, wenn du dich ein kleinwenig öffnest und Gefühl zeigst? Hast du gemerkt, wie deine Mutter sich freute, als du ihr gezeigt hast, daß sie noch gebraucht wird? Aber laß es nicht dabei bleiben, laß nicht Weihnachten der einzige Tag sein, an dem du wirklich du selber bist. Denn heute hat Gott dich angesprochen und dir gezeigt, was er von dir will.

Gott ist Mensch geworden — wann werden wir uns von seiner Göttlichkeit, seiner Liebe anstecken lassen? Wann werden wir so menschlich, legen unsere Hemmungen voreinander ab, unsere Falschheit und zeigen endlich unser Gefühl? — Denn dann erst können wir ehrlich singen: Stille Nacht, heilige Nacht. Erst dann ist diese Nacht still und erhellt, diese Nacht unserer Umwelt, das Dunkel, das wir selber stiften, indem wir nur einen Teil unserer Person zeigen. Wir selbst können diese Nacht heiligen, wir können sie zu einem strahlenden Fest, zu einem erleuchteten Tag machen. Wir können dasselbe Licht spenden wie die Engel es verbreiteten, als sie Gottes Frieden verkündeten. Wir können diese Boten des Weihnachtsgeheimnisses sein, die zu allen Menschen gehen und dort verkünden: Freue dich, ich habe erkannt, daß Christus wirklich geboren ist. Ich habe gespürt, daß Christus auch in mir Mensch geworden ist, ich bin nicht mehr so hartherzig wie vorher. Ich will jetzt versuchen, Menschlichkeit weiterzutragen. Und dann, meine lieben Zuhörer, dann wird diese Welt göttlicher, denn sie ist von Gott geheiligt. Dann nämlich geben wir sie ihm so zurück, wie sie nach seinem Plan aussehen sollte.

Lassen Sie sich an diesem Weihnachtstag neu ansprechen von Gott, der auch in uns Wirklichkeit werden will. Das ist der Inhalt meines Weihnachtswunsches heute an Sie, wenn ich Ihnen ein gnadenreiches Weihnachtsfest wünsche! Die göttliche Gnade und Liebe stecke Sie heute so sehr an, daß sie in Ihnen weiterlebt. Sie sei so stark, daß Sie den heutigen Weihnachtstag nicht nur im Austauschen der Geschenke beenden, sondern im Austausch der Liebe, die Sie immerdar begleiten möge und daß Sie an diesem Tag erneut bedenken, was Ihr eigenes Wesen ist. Feiern Sie Menschwerdung des Gottessohnes in Ihnen und die Welt wird heiler, die Welt erlebt eine selige Weihnachtszeit durch uns.

»Fest der heiligen Familie«

Einführung

Eigentlich sollte jeder Sonntag ein »Fest der hl. Familie« sein, ein Festtag, an dem die Familie »sich heiligt«. Daß dies kein bloßes Wortspiel bleibt, wird sich in dem Bemühen vieler unserer Familien zeigen, die sich gerade an Sonntagen umeinander mühen, weil sie frei sind von der Hetze des Berufes. Sie werden sich Felder schaffen, wo sie sich neu begegnen, Ehepartner sich wiederentdecken, Kinder und Eltern sich Zeit schenken. — Ist das nicht das Leben der hl. Familie? —
Leider bleibt dies ein Wunschtraum. Zu oft wird der Sonntag oder sonstige freie Zeit zerrissen von Geschäftigkeit. Alle aber wissen wir, wie nötig das Bemühen um- und füreinander ist. Darum bitten wir Dich, Herr, schenke uns Deine Nähe:
Herr, erbarme Dich.
Christus, erbarme Dich.
Herr, erbarme Dich.

Ansprache

Wenn Brautpaare ihre kirchliche Trauung vorbereiten, tragen sie oft die scheinbar »unvernünftigsten« Wünsche vor, wie sie sich diesen Tag denken. »Unser Leben sei ein Fest.« lautet da z. B. ein Motto. Und wie jäh endet dann manchmal die Freude. Nicht daß die beiden Ehepartner sich trennen. Aber da ist vielleicht materielle Not, die ihnen große Sorgen bereitet. Da tritt der Tod in die Familie ein. Da wird ein Kind durch einen Unfall getötet.
Und doch meine ich, diese Aussage sei nur scheinbar unvernünftig. Denn die beiden Partner sind sich dessen bewußt geworden, daß ihre Liebe ein Abbild der Liebe ist, die Gott eint und die Gott mit den Menschen verbindet. So unauflöslich wie die Zusage Gottes, der uns Menschen seine liebende Nähe unwiderruflich geschenkt hat, so bleibend ist auch ihr Ja zueinander. Bedenken wir, daß das Jawort der Eheleute vor dem Traualtar aufgefangen ist in der Zusage Gottes. Wenn Gott aber dafür einsteht, daß diese beiden Menschen

füreinander dasein dürfen, dann kann keine Macht sie trennen.
Sicher verschließe ich nicht meine Augen vor der Tatsache so vieler gescheiterter Ehen, die ihren Anfang am Traualtar nahmen. Trotzdem bleibt die Wahrheit dieses göttlichen Zuspruchs.
Liegt der Grund des Scheiterns nicht eher in den vielen Versäumnissen des Alltags?
Da ist die Geschäftigkeit des Berufs, die uns so in den Bann zieht, daß für die Aufmerksamkeit gegenüber dem Partner nur wenig Raum bleibt. Wie viel Glück bringt dagegen die kleine Aufmerksamkeit am Morgen, die dem anderen bestätigt, daß ich mich freue, diesen Tag mit ihm erleben zu können. Freilich ist keiner von uns so vollkommen, daß er stets aufmerksam, liebevoll und in Achtung dem Partner begegnet. Oftmals stehen wir »mit dem linken Fuß« auf, und es ärgert einen »die Fliege an der Wand«. Da fehlt dann nur noch das »Nörgeln« eines Kindes, und der Tag ist »von Anfang an versaut«.
Und doch wird mir jeder zustimmen, daß gegenseitige Achtung, die den anderen in seinen Wünschen, seinem Denken und Tun, in seiner Art respektiert, sicher schwer zu leben, aber die einzige Möglichkeit bleibt, gut miteinander zu leben. Denn diese Achtung entspricht auch der Achtung, die Gott jedem einzelnen Menschen schenkt: Er nimmt ernst, versteht und geht dem Menschen immer wieder nach. —
Können wir das auch von uns sagen? Sind wir nicht oft mit so viel anderen Dingen oder uns selbst derart beschäftigt, daß wir den anderen gar nicht mehr sehen?
Eine Partnerschaft aber, in der beide immer neu umeinander werben, sich so viel Aufmerksamkeit schenken wie am Anfang, sich ihre Liebe zueinander oft bestätigen — eine solche Partnerschaft wird nicht langweilig werden; sie wird auch gegen die Alltagsgewöhnung angehen. Es ist viel verlangt, ein Leben so zu gestalten, aber es wird sich an Gott ausrichten, der die Menschen als zwei verschiedene Persönlichkeiten, als Mann und als Frau, geschaffen hat.
Ein anderes Moment sollte ebenfalls nicht außer acht gelassen werden: das Gebet, das die beiden vor dem Traualtar verband, muß immer neue Grundlage der Gemeinschaft bleiben. Wer sich im Gespräch versteht, findet sich auch in

der körperlichen Vereinigung. Wo Leben im religiösen Suchen nach der Rückbindung in Gott dem anderen angeboten ist, da bleibt auch die Wirlichkeit Gottes im Alltag bestimmend. — Aber wie schwer fällt es uns, wirklich miteinander zu beten. Nicht nur vorgeformte Texte zu sprechen, sondern Empfindungen, Gefühle, Gedanken, das tägliche Leben in das gemeinsame Gespräch, in das gemeinsame Gebet hineinzunehmen. Und doch liegt hier die Wurzel zum Gemeinsamen — oder zur Trennung.

Das Leben wird zum Fest, wenn neu der Versuch gemacht wird, den Partner zu verstehen und zu finden. Wo aber Gleichgültigkeit oder Gewohnheit sich breit machen, dort beginnt der Scheideweg.

Ich bin mir sicher, daß mancher sich vor zu hohe Anforderungen gestellt sieht, wenn er dies hört. Bestimmt ist keiner von uns so weit, daß er immer den richtigen Ton fände, das rechte Wort oder das Schweigen im richtigen Augenblick. Aber dennoch scheint mir die Frage an jeden von uns wichtig: Wie steht es mit den Vorsätzen, die du am Altar hattest? Wie weit lebst du nur dein eigenes Leben, getrennt von Partner und Kindern? Wie weit hast du dich »schon an deinen Partner gewöhnt«, bist nicht mehr bereit, liebgewordene Praktiken zu hinterfragen? Wann hast du mit deinem Partner zum letzten Mal richtig gesprochen, mit ihm gebetet?

Nehmen wir die Aufforderung des Festtages der hl. Familie an. Versuchen wir, daraus einen neuen Anfang zu setzen für ein besseres Miteinander, für ein Leben, das zum Fest wird. Es gibt kein Rezept, außer dem bleibenden Zuspruch Gottes an uns. Nehmen wir ihn wieder an und unser Versprechen füreinander ernst. Dann kann wieder Freude einkehren, wo »grauer Alltag« sich breit gemacht hat. Dann kann unsere Familie heil werden und geheiligt durch die Nähe des »Dritten im Bunde«, Gott, der seine Begleitung zugesagt hat.

Gebet

Herr, unser Leben läuft allzu oft in »geregelten Bahnen« ab. Wir leben nebeneinander her. Und doch suchen wir Glück, Geborgenheit, Zärtlichkeit und Angenommensein. Schenke Du uns neu Deine Nähe. Hilf uns in unserem Bemühen umeinander und laß uns nicht müde werden, Dich und einander zu finden. Schenke uns wieder das Vertrauen auf unser Jawort, das Du angenommen und geheiligt hast. Heilige uns, damit wir einander zum Heil werden und miteinander Dich finden. Amen.

»Fest der Gottesmutter Maria — Fest des Rosenkranzes«

Übertreibungen und Phantastisches, Sentimentalität und Kitsch, der Hang zum Süßlichen und Weichlichen haben in der Marienverehrung manches Unheil angerichtet. Der Rosenkranz scheint im Umbruch der letzten Jahre unter die Räder gekommen zu sein. Ihn bei sich zu tragen, war durch Jahrhunderte geradezu Merkmal und Ausweis des katholischen Christen. Heute scheinen es weniger geworden zu sein, die ihn mit sich tragen und beten.
Aber ist es nicht an der Zeit, nach einer Phase der kritischen Distanz wieder zu einer Verehrung Mariens zu kommen, die wahr ist, echt und biblisch? Darum ist es sinnvoll, Gedanken anzustellen, weshalb gerade Maria in unserem Leben eine besondere Stellung einnehmen sollte. — Von keinem wird bestritten, daß Maria die leibliche Mutter Jesu ist. Sie ist die Frau, die durch ihr Jawort dazu beitrug, daß Gott Mensch wurde.
Wenn wir z.B. einen Lieblingsschriftsteller haben, einen Dichter, den wir besonders verehren, dann suchen wir möglichst alles kennenzulernen, was um ihn herum und mit ihm lebte. Wir suchen sein Haus auf, seine Wohnung, sein Zimmer, seine Bücher — wir spüren, daß das alles zu ihm gehört. Alle Bilder an der Wand. Denn er hat sie so aufgehängt. Sie bedeuteten ihm etwas. Und mit all den kleinen Gegenständen lebte dieser Mensch. Er hat sie ausgesucht. Sie haben ihn dazu geführt, daß er so geworden ist.
An diesem Schreibtisch verfaßte er jenes Gedicht, das wir uns so oft vorsprechen. Diese seine Welt regte ihn dazu an, jenen Roman zu schreiben, in dem wir uns wiederfinden.
Und besonders interessant sind die Menschen, mit denen er zusammenlebte, seine Mutter, sein Vater, die Geschwister, seine Freunde, seine Frau, seine Familie. Wir fragen uns, welche dieser Menschen besonderen Einfluß auf seinen Werdegang hatten. Ob er mit ihnen glücklich war und vieles mehr. Und Jesus? Er bedeutet uns sehr viel. Wir glauben ihm. Wir vertrauen auf sein Wort. Wir leben nach dem, was er vorgab. — Sollte uns da seine Mutter nicht auch in besonderem Maße interessieren? Sie ist eine der Frauengestalten,

die zu seinem Leben gehören. Sie ist die, zu der seine engste Beziehung stand. Sie sorgte für ihn, erzog ihn. — Wie oft mag sie sich gefragt haben, ob sie alles richtig macht. Wie mag sie auf seine menschliche Wesensart reagiert haben? Jesus vertraute ihr. Er mutet ihr ganz besondere Dinge zu. Denken wir nur an seinen Ausspruch: »Wer ist meine Mutter? — Jeder, der den Willen meines Vaters tut, der im Himmel ist, der ist mir Mutter, Bruder und Schwester«. — Wie hart klingt das zunächst in unseren Ohren. So als wollte er sie verleugnen. Aber Maria ist ihm nicht gram. Sie kennt ihren Sohn. Auch wenn sie ihn vielleicht nicht immer versteht, so weiß sie doch, daß er den Menschen etwas Besonderes sagen muß. Sie stellt sich zur Verfügung. Und Jesus weiß um ihr Vertrauen zu ihm; deshalb kann er auf sie rechnen. Und dann unter dem Kreuz: Hier zeigt ihr Jesus auf die eindrucksvollste, aber auch einfachste Weise, wie er zu ihr steht: Er macht ihr klar, daß sie nun ihren leiblichen Sohn verliert, der da stirbt. Aber er läßt sie nicht allein. Er überträgt seine menschliche Sohnschaft an seinen engsten Freund, an Johannes. Der soll nun künftig für sie sorgen. Und er macht ihr klar, daß sie nun nicht mehr Mutter nur für ihn ist. Jesus übergibt seinen Freund in die Sorge seiner Mutter. »Und von jener Stunde an nahm er sie zu sich in sein Haus«. Es wird Maria deutlicher, daß sie nun wieder eine Aufgabe hat, daß sie sich nicht einsperren kann in ihrem Leid. — Nur diese enge, liebevolle Verbindung schafft es, daß sie Jesus versteht, daß sie sich immer wieder Gott zur Verfügung stellt und öffnet.

Liebe, die sich in Gott getragen weiß, in ihm gründet, ganz von ihm lebt, diese Liebe kann nicht im Jetzt, nicht im Vordergründigen stehenbleiben. Diese Liebe muß sich verschwenden, muß offen sein für alle Menschen.

Darum ist die Liebe Mariens auch offen für uns. Der Glaube an die Krönung Mariens bringt das zum Ausdruck. Es ist die Krönung des Menschen, der Gott ganz liebt, die Vereinigung mit ihm, das Bewußtsein, daß das Leben richtig war, denn es hat sein Ziel gefunden.

Seit vielen Jahren schon versuchen Christen das Leben Mariens zu ergründen, es zu verstehen, es nachzuahmen. Dieses Leben, das erst wirksam wird durch die Annahme. Gott hat es bestätigt. Um die Verehrung in Bahnen zu lenken, die für

1. Januar

viele einsichtig und nachvollziehbar sind, fanden Menschen die Form eines Gebetes, des Rosenkranzes.
Ich möchte den Rosenkranz nicht aufdrängen. Er ist nicht jedermanns Sache. Ich möchte ihn auch nicht zum einzig Notwendigen emporheben: er ist ein Weg unter den vielen möglichen Wegen der Begegnung mit Gott, freilich ein Weg, der sich durch viele Jahrhunderte bewährte, der so viel an Glaubenskraft und Lebensmut schenkte, daß er einer Verteidigung nicht bedarf. Er hatte und hat Freunde unter den einfachen Gläubigen und unter den Großen des Geistes und der Wissenschaft. Sie werden zustimmen, daß für die, die es fassen können, der Rosenkranz ein Geheimnis von großer Tiefe und Echtheit birgt, ein Geheimnis, das viele von uns gerade in Stunden der Einsamkeit, der großen Sorge um einen lieben Menschen und vor allem in den Stunden der Krankheit, in denen sich das selbstgeformte Gespräch mit Gott nicht einstellen will, dankbar entdeckt haben.
Man stößt sich beim Rosenkranz an den ständigen Wiederholungen gleicher Worte. Wiederholungen können verflachen und ebenso vertiefen. Z. B. werden Liebende des immer neuen »Ich liebe dich« nicht müde. Und ältere Eheleute bestätigen, daß diese Worte immer neue Tiefen offenbaren können.
Noch eine andere Seite des Rosenkranzes möchte ich erwähnen: Der Rosenkranz ist Meditation. Er ist eine Betrachtungsweise, die gerade uns heutige gehetzte Menschen zur Ruhe bringen kann. Gerade die Monotonie der bekannten Gebetstexte kann beim Vorsprechen und ständigen Wiederholen wie eine Gebetsmühle wirken, die den Menschen ablenkt, um frei zu werden für sich selbst und für Gott. Wenn die Stationen aus Jesu Lebensweg vor unserem geistigen Auge stehen, dann können wir sie wirken lassen. Ohne die Frage: »Was sagt das jetzt mir?« — Nein, sie wirken auch so auf unseren Geist ein, wenn wir den Gedanken ihren Lauf lassen. Und es ist gar nicht so wichtig, ob ich jetzt wirklich 10 Ave Maria bete oder 8 oder 12. Es ist auch nicht wichtig, ob ich über ein Gesetz hinauskomme. Viel wichtiger ist es, seine Gedanken ungehindert fließen zu lassen. Vielleicht können Sie es einmal ausprobieren, täglich ein paar Minuten auszuspannen und in diesem Gebet die Ruhe zu finden. Und wenn Sie nach einiger Zeit die Erfahrung machen, daß

Sie über dieses Gebet Ruhe finden, dann werden Sie den Rosenkranz wieder schätzen; dann bitte, behalten Sie es nicht für sich, lassen Sie auch andere daran teilnehmen, zeigen Sie auch anderen den Weg, denn es lohnt sich wirklich!
Lernen wir, durch die Gesetze des Rosenkranzes den Weg Christi zu meditieren. Versuchen wir, die Umwelt Jesu im Gebet zu erspüren und ihn so immer mehr zu verstehen. Dann ist Maria, die Mutter Jesu, auch uns Hilfe, Fürsprecherin und Wegweiser auf Christus hin. Nutzen wir die Chance, die das wiederholte Sprechen der gleichen Gebete und das Greifen der Perlen uns bietet, dem Geheimnis näher zu kommen, es tiefer zu erfassen, als der Verstand es vermag. Und nehmen wir all unsere Bitten, Sorgen und Fragen in dieses Beten hinein. Versuchen wir wieder das Gebet des Rosenkranzes in dem Sinn, wie es der holländische Katechismus formuliert: »Die Worte (des Rosenkranzes) sind so schön und so eintönig, daß sie den Raum einer Viertelstunde schenken, in der man vor Gott still sein kann. Es ist natürlich nie beabsichtigt gewesen, dabei an alle Worte zu denken. Man kann an die Geheimnisse denken oder an ein Kind, das einem Sorgen macht, an einen Nachbarn, der im Sterben liegt, an einen Neuvermählten; mach bei dir aus, für wen du beten willst«.

2. Sonntag nach Weihnachten (Joh 1, 1-18)

»Das wahre Licht kam in die Welt«

Ansprache

»Mir ist ein Licht aufgegangen! — Endlich kann ich begreifen!« — Wie schwer ringen wir manchmal nach Erkenntnis, nach Begreifenkönnen. Und wenn es gelingt, wenn wir Klarheit gefunden haben, ist es, als sei ein Nebelschleier zerrissen.
Die Israeliten hofften lange Zeit auf den Messias, auf den, der sie vom Joch der Römer befreien, ihnen ihre Eigenständigkeit wiedergeben werde. Andere Gruppen verstehen ihn als den geistigen Erneuerer, der die vielen Auslegungsweisen des mosaischen Gesetzes eindeutig festlegen würde.
Die Kunde vom Erscheinen des Messias mußte darum auch Freude und Entsetzen, Hoffnung und Erschütterung zugleich hervorrufen. Doch die Ankunft des Messias war ganz anders erwartet worden, nicht in der Armut, nicht in der unbedeutenden Gestalt eines unmündigen Kindes. Hier wird erstmals wahr, was der nachösterliche Christus in den Begegnungen zeigt: Gott ist unberechenbar. Er läßt sich nicht in menschliche Schemata einpressen. Er begegnet den Menschen, wenn sie ihn nicht erwarten. Seine Jünger haben dies verstanden, und ihre Botschaft will es allen verkünden: Gott ist wirklich erschienen. In dem Menschen Jesus haben wir den Messias erkannt, auf den die Menschheit so lange gewartet hat. Und noch eines wird deutlich: Die Liebe erkennt Gott. Der Jünger, den er besonders liebte, ist es, der in unserem heutigen Evangelium dieses Zeugnis gibt: Es ist nicht irgendein Prophet erschienen. Nein, das wahre Licht, das allen erstrahlt, die in Finsternis sitzen, Christus, der Sohn Gottes, kam in die Welt. Seine Botschaft brachte Licht in unser Suchen, in das Fragen der Philosophen, in das Mühen der Schriftgelehrten. Jeder, der wirklich sucht, hat ihn schon gefunden.
Ich denke, daß hierin auch für uns eine Antwort liegt: Es gibt Menschen, die die Erfahrung gemacht haben, daß Gott Realität in ihrem Leben geworden ist. Es gilt, ihr Leben und ihre Verkündigung zu betrachten, wenn wir auf der Suche sind nach dem Sinn. Sie sind ein Angebot, wie Gott selbst sich immer wieder anbietet. Wir brauchen nicht im Dunkeln

zu tappen, nicht um uns selbst zu kreisen. In unserem Fragen nach Gott befinden wir uns in der Gemeinschaft von Menschen, die sich uns mitteilen, ihr Leben, ihre Erfahrung mit uns teilen.
Es ist daher nicht sinnlos, wenn ich mich im Freundeskreis mitteile, auch meine Sorgen, meine Ängste, meine Fragen äußere. Menschen, die sich umeinander bemühen, finden Licht, finden Wege und Antworten. Menschen die ihre religiösen Erfahrungen nicht aus Angst vor dem Ausgelachtwerden verschweigen, sondern miteinander teilen, werden sich gegenseitig zum Licht, zur Botschaft. Die Antwort eines anderen, der mir von seinem Glaubensweg, seinen Zweifeln, seinem Fallen, seiner Erfahrung Gottes erzählt, hat noch nie zum Auslachen geführt. Aber oft fehlt uns der Mut. Wir verstecken uns lieber hinter allgemeinen Formulierungen und meinen doch uns selbst.
Darum bleibt unser Warten dasselbe wie das der Israeliten, darum änderten 2000 Jahre Christentum nur wenig. Aber muß das so bleiben? Ich möchte uns Mut machen zum Einandermitteilen, zum Gespräch über uns selbst und unseren Weg. Dann werden wir zu dem Ziel finden: »Das wahre Licht kam in die Welt«. Gott lebt erfahrbar in unserer Zeit.

»Fest der Taufe des Herrn«

Anhaltspunkte einer Predigt

Mit der Taufe Jesu wird ein neues Kapitel im Leben Jesu aufgeschlagen.

1) *Mt hat Johannes den Täufer und Jesus eng aneinandergerückt.*
Die Zeit des eschatologischen Heils schließt den Täufer bereits ein. Auch er tritt schon mit der Ankündigung des Reiches Gottes hervor. Der Täufer gehört in die neue Zeit, die Zeit des Messias. Das ist die grundsätzliche Sicht, die Mt durch das ganze Evangelium leitet. Innerhalb dieser Sicht wird jedoch der Unterschied zwischen der Würde der Personen und der Bedeutung ihrer Tätigkeit durchaus betont. Obgleich Johannes der »Größte unter den von den Frauen Geborenen« genannt wird, steht er doch ganz im Lichte des Messias. Seine Taufe zur Umkehr bereitet vor, die Geist- und Feuertaufe des Messias bringt die Erfüllung. So ist die christliche Taufe ein Siegel der Erwählung Christ.

2) *Die Solidarität Jesu und sein Gehorsam*
Mt geht einen Weg, der uns allen unmittelbar zugängig ist. Jesus schließt sich der Volksbewegung an. Er folgt damit jedoch nicht einem Zeitgeist, sondern dem Willen Gottes, den er über sich und in sich erfährt und dem er sich aufschließt. Das Geschehen steht in einem größeren Zusammenhang:
Gemeinschaft mit Jesus entsteht für den Menschen dadurch, daß er sich mit Jesus unter den Willen Gottes stellt. So wird der Täufer neben ihn gestellt und so treten auch alle anderen neben ihn als seine »Familie«. »Denn wer den Willen meines Vaters im Himmel tut, der ist mir Bruder und Schwester und Mutter«.
Solidarität und Gehorsam dürfen nicht getrennt werden. Solidarität mit allen, besonders mit den »Armen« und »Kleinen«, soll die Annahme jedes Menschen und die Stiftung der Gemeinschaft untereinander ermöglichen. Aber dieses Sich-Öffnen und Einlassen auf den anderen geschieht nicht aus einer innerweltlich humanen Motiva-

tion; es geschieht von Gott her und auf ihn hin, denn der Mensch ist von Gott geschaffen und soll die Welt Gottes, nicht seine eigene, verwalten und weiter bauen.

3) *Historisches Ereignis und offenbarende Deutung.*
Die Taufe Jesu steht im engen Zusammenhang mit seiner Geburt. Die Geburt Jesu aber gewinnt erst durch erklärende Worte mehr an Bedeutung. Auch die Taufe Jesu bedeutet so viel oder so wenig, wie die Taufe jedes Israeliten. Sie spricht erst durch die deutende Proklamation des himmlischen Vaters als ein Geschehen, das uns angeht.

4) *Annahme im Sinn*
Die Taufe Jesu ist ein Bild für unsere eigene Erwählung und Annahme durch Gott. Das »Ja« Gottes zum Menschen, das er in Jesus Christus gesprochen hat, wird nie mehr zurückgenommen. Christus ist das »Ja«, und unser Evangelium, das wir zu verkündigen haben, hat dieses Ja zu bezeugen.
Wir sind schon jetzt als Söhne angenommen »im Sohn«. Der Geist des Sohnes ist es, der in uns ruft und betet. Das Wohlgefallen Gottes, das auf dem Sohne ruht, gilt auch uns; sonst wäre Christus umsonst gestorben und umsonst auferweckt worden, und unser Glaube wäre töricht. Aus solcher Zuversicht kann Paulus schreiben (Röm. 8, 29) »Denn sie, die er zuvor erwählt hat, hat er im voraus dazu bestimmt, dem Bilde seines Sohnes gleichgestellt zu werden: Der Erstgeborene unter vielen Brüdern sollte er sein«. Das Ja dieses Gottes, der seine Huld nicht von seinem Sohne Jesus nahm, wird uns in der Taufe Jesu offenbar. Uns kann es Sicherheit und Kraft in diesem Glauben geben.
Und an uns liegt es, wollen wir wirklich Brüder Jesu sein, dieses Geschenk auch zu denen zu tragen, die in Unsicherheit und Sinnlosigkeit, in Armut und Hoffnungslosigkeit leben.

»Fasten — eine religiöse Grundhaltung?«

Ansprache

In jedem Jahr hören wir so viel vom Fasten. Misereor, das große Hilfswerk, proklamiert in jedem Jahr neue Themen zur Fastenzeit und zu einem Fastenopfer.
Was bedeutet das alles? Große Worte, die nach Ostern wieder vergessen sind? Dabei ist »Fasten« schon lange bekannt. Immer wieder werben Zeitungen dafür, wie etwa:
»Machen Sie ein paarmal im Jahr eine Fastenwoche, das entschlackt den Körper und läßt auch gleich ein paar überflüssige Pfunde verschwinden.
Zum Frühstück eine Tasse Kaffee oder Tee, ein weiches Ei, zwei Scheiben Knäckebrot mit Magerquark, fein gewürzt mit frischen Kräutern. Mittags gibt es 150 Gramm mageres gegrilltes Fleisch oder 200 Gramm gekochten Fisch oder ebensoviel mageres Geflügelfleisch. Dazu Salat, soviel Sie mögen, angemacht mit Zitronen, Kräutern, etwas Joghurt, ein bißchen Paprika, ein bis zwei kleine Kartoffeln. Auch 100 Gramm Reis in der Woche. Abends dann 2 Scheiben Knäckebrot, dazu Joghurt, ein Ei oder 100 Gramm Tatar, gewürzt mit Zwiebeln und Paprika oder Magerquark mit Schnittlauch und Tomaten. Und wenn Sie zwischendurch Hunger haben, dürfen Sie einen Apfel oder ein Glas Tomatensaft genießen«.
Das war als Anzeige in einem deutschen Nachrichtenmagazin zu lesen, das z.B. auch darüber berichtet (aber davon war in dieser Nummer nicht berichtet), daß überall auf unserer Welt Millionen Menschen hungern und überlegen, was sie essen können. Vermutlich nur aus anderen Gründen...
»Fasten« und »Hungern« sind zwei sehr verschiedene Begriffe. Hunger ist unfreiwillig, Fasten ist das freiwillige Entsagen.
Aus medizinischer Sicht läßt sich sagen, daß es sich bei derartigen Methoden niemals um Fasten handelt, sondern um Diät- und Abmagerungskuren. Denn Fasten setzt immer eine religiöse Grundhaltung voraus. Fasten allein ist genauso unsinnig wie ein nur gesprochenes Gebet, bei dem unsere Gedanken ganz woanders sind. Auch das Gebet gewinnt erst seine Bedeutung durch mein persönliches Engagement, sei

1. Fastensonntag (Lk 4, 1-13)

es durch gedankliche Solidarität mit denen, für die ich bete, oder sei es, daß das Gebet Anfang und Auftrag wird für mein Handeln, das ich durch das Gebet dem Segen Gottes empfehle.

Fasten und Fastenzeit sind Begriffe, die nicht ursprünglich christlich sind; schon in den Religionen der älteren Zeit tauchen ähnliche Begriffe auf. Schon immer war das Fasten ein Wert, der von Menschen verschiedener Welteinstellung sehr hoch geachtet wurde. Naturvölker schicken ihre jungen Leute vor der Hochzeit in die Einsamkeit, damit sie sich prüfen; sie werden von sogenannten »Ältesten« vorbereitet, auch unter körperlichen Entsagungen. Wir kennen den Fastenmonat der Moslems und wissen, wie streng gläubige Menschen — auch wenn sie in Europa leben — diesen Monat des Fastens einhalten.

Aus der Zeit der christlichen Urkiche ist bekannt, daß das Fasten mit zur Vorbereitung auf das Tauffest und auf Ostern gehörte.

Wenn also Fasten als Vorschlag der Modejournale für die schlanke Linie empfohlen wird, so handelt es sich hier um etwas anderes als das religiöse Fasten.

Überlegen wir einmal: Fasten, in Verbindung mit der Motivation, uns auf Ostern vorzubereiten oder als Hilfe zur Neugestaltung unseres Lebens wird zu religiösem Tun. — Denn es hilft, daß wir uns stärker auf ein Ziel hin konzentrieren, unsere Gedanken von vielen Belastungen freihalten.

Fasten — Fastenzeit kann eine Zeit der bewußten Hinwendung auf ein besonderes Ziel sein.

Wenn wir jährlich die Erfahrung machen, daß wir immer weniger mit dem Fasten anfangen können, dann sollten wir uns fragen, ob uns die Motivation fehlt.

Die Zeit unserer Kindheit, in der wir keine Schokolade anrührten, sondern alles bis Ostern aufhoben, diese Zeit liegt lange hinter uns. Damals war es eine Art Sport oder Selbstbestätigung, ein Wettbewerb, wer auf all diese Dinge verzichten konnte. Und an Ostern gab es manche Magenverstimmung, weil dann zu viele Süßigkeiten auf einmal gegessen wurden.

Als Erwachsene sollten wir uns neu besinnen, welche Ziele wir in dieser Zeit angehen könnten. Vielleicht haben Sie entdeckt, daß Sie in letzter Zeit eigentlich nur sehr wenig Gele-

genheit fanden, um mit Ihrem Ehepartner zu sprechen. Der Beruf strengte Sie an, und wenn Sie dann abends nach Hause kamen, war der erste Weg der zum Fernsehapparat. Und wieder war eine Gelegenheit, das Gespräch zu finden, verstrichen. —
Vielleicht ist ein Verzicht in dieser Richtung für Sie ein sehr wertvolles Ziel. Nehmen Sie sich die Zeit, einmal wieder ohne dieses Geräuschkulisse den Gedankenaustausch mit Ihrem Partner zu pflegen.
Möglicherweise hat jemand gespürt, daß sich seine Kinder in letzter Zeit nicht mehr so offen wie früher mit ihm unterhalten. Eine solche Beziehung tut sehr weh. Es kommt zu Auseinandersetzungen, die man nicht wollte. Vielleicht rutscht dann auch mal ein Wort heraus, das besser ungesagt geblieben wäre.
Könnte die Fastenzeit nicht eine Chance sein, ein Weg zurück zu wirklich »geordneten Verhältnissen« in der Familie? Vielleicht hilft uns die Frage: Sind meine Verhaltensweisen noch den Kindern angemessen? Sie haben sich entwickelt. Ist mir klar, daß Susanne nicht mehr das liebe kleine Mädchen mit den süßen Zöpfen ist, sondern eine junge Dame mit ganz anderen Vorstellungen als damals? Was aber ist in meinem Verhalten ihr gegenüber anders geworden in den letzten Jahren? Was ist der Anlaß zu dem ständigen Ärger?
Könnten wir nicht versuchen, das dann einmal zu besprechen, wenn es nicht gerade akut ist?
Habe ich eigentlich klare Vorstellungen, welche Persönlichkeit mein Kind ist? Welche Begabungen hat es? Habe ich es darin gefördert?
Vielleicht sollten wir an dieser Stelle zusammenfassend sagen, was uns das Fasten bedeutet: Um eine Frage zu beantworten, ein Problem in unserer Beziehung zu lösen, ist es notwendig, sich anderer Einflüsse zu enthalten.
Die Aussprache mit dem Partner bedarf der Zuwendung, der Zeit; »unter Tür und Angel« ist wenig zu machen.
Fasten, Enthaltsamkeit kann für mich darin bestehen, daß ich mich konzentriere, meine Vorurteile beiseite lasse (Wenn ich z.B. denke, daß es sich doch nicht lohnt, der wird es doch niemals begreifen), daß ich mich vielmehr hinwende zum anderen, nicht belehrend oder besser-wissend.

Was hat das alles mit Fastenzeit zu tun? — Ich meine, wir sollten diese Zeit nicht verstreichen lassen: Unser Verzicht kann neue Hoffnungen wecken. Die diesjährige Fastenzeit sollte uns Anregung sein für unser Leben, Grund zum Neuanfang, zur Besinnung vor Gott und zum besseren Miteinander in unseren Familien.

Gebet

Herr, mein Leben steht vor Dir. Du hast mich gebildet nach Deinem Plan. Dein Geist durchstrahlt mich wie die Sonne selbst durch die Nebelschleier dringt. Oft bin ich nicht ich selbst, wende mich Zielen zu, die mich zu zerreißen drohen. Doch Dein Licht bleibt bei mir; Herr, laß mich transparent sein für dieses Licht, laß mich unverschleiert Dein Wort aufnehmen und leben. Du bist dieses Licht, das mir Fülle verheißt, bist die Wahrheit, die mich durchdringt. In Dir finde ich Einheit, Frieden und Geborgenheit. Halte mich, Herr, denn ohne Dich bin ich nur eine tönende Schelle.

2. Fastensonntag (Lk 9, 28b-36)

»Neue Wege gehen«

Einleitung

Die Texte von Lesung(en) und Evangelium des heutigen Sonntags, der Fastenzeit überhaupt, stellen die Situation der Kirche und des einzelnen Christen in ein eindeutiges Licht: Die Kirche, der Christ — sie sind unterwegs zu einem Ziel, das Gott heißt, Vollendung in ihm, von dem alles seinen Anfang genommen, der so oft mißdeutet und mißverstanden wird, dessen Wort und Botschaft aber lebendig sind durch die Zeit. Ein deutlicher Weg also, möchte man meinen, und ein Ziel, das klar vor unseren Augen steht. Schon zu der Zeit des Völkerapostels Paulus gab es Bestrebungen, das Evangelium Jesu einzuengen, wie man es am besten für sich brauchen konnte. Und heute ist das Sektentum so stark wie selten vorher.

Rückbesinnung, Umkehr zu den Texten des Evangeliums und der Verwirklichung der Botschaft Jesu — das soll besonders in der Fastenzeit unser Anliegen sein. Wie kaum eine andere Zeit läßt uns der Frühling mit seinem steten Wetterumschwung zwischen Regen, Kälte und Sonnenschein das Aufbrechen zum Neuen, das Wachstum, das Erblühen erleben und den Kampf, den die Natur mit sich selbst ficht. Auch in unseren Gemeinden keimt seit einiger Zeit das Bemühen um einen neuen Weg, Christentum lebendig zu machen für unsere Zeit. Die alten Wege der Pastoral, des religiösen Lebens sind damit keineswegs als unbrauchbar oder tot erklärt; nein, zu ihrer Zeit hatten sie Bedeutung. Aber unsere Zeit braucht Ergänzung, neue Möglichkeiten.

Uns hilft es heute wenig, wollten wir einer Zeit nachtrauern. Vielmehr müssen wir nach Wegen suchen, das menschliche Miteinander in Ehe und Familie, in Schule und Gemeinde neu zu formulieren.

Glaube — das ist ein bloßes Wort, ein Begriff nur, wenn er nicht mit Leben gefüllt ist von Menschen, die aus dem Geist heraus handeln, der sie zusammenführt in die menschliche Gemeinschaft. Alle haben verschiedene Ansichten, Vorstellungen, wie diese Gemeinschaft aussehen könnte, verschiedene Charaktere, die nicht immer miteinander harmonisieren.

Aber uns allen ist der Wunsch gemeinsam, glücklich miteinander auszukommen und mitmenschliche Kontakte zu pflegen.
Was liegt näher, als daß wir uns im Namen dessen um die Gemeinschaft bemühen, zu der er uns gerufen hat — Jesus Christus.

Ansprache

Wo wird Christsein heute anschaulich? An wem ist Maß zu nehmen? Viele Christen fragen so. Die Frage schließt ein, daß Christsein gewonnen, erhalten und erneuert wird durch Begegnungen mit Christen, in persönlichen Kontakten — nicht durch Vernehmen und Nachahmen oder Übernehmen von Sätzen. Darum ist die Gemeinschaft der Christen untereinander und mit Nichtchristen von so großer Bedeutung. Wo aber wird Christsein heute erfahrbar? Die Antwort: »Da, wo es sich als kirchliches Christsein präsentiert« genügt nicht, weil sich auch in der Kirche christliches Leben sehr plural darstellt. Auch der Hinweis auf Lehramt oder Theologie genügt nicht. Vielleicht läßt es sich nur negativ eingrenzen, wenn wir Paulus folgen: Rückfall in Gesetzlichkeit, Leugnung des Wegcharakters menschlich-christlicher Existenz, für sich selbst Göttlichkeit beanspruchen — das alles hat mit Christsein nichts zu tun. Ergänzenswert ist immerhin, ob nicht das gemeinsame, sich immer wieder gegenseitig orientierende und korrigierende Suchen aller Christen nach ursprünglichen und gültigen Formen des Christseins eine Ausprägung des von Paulus so stark betonten Unterwegsseins der Menschen ist. Zeigt sich nicht auch darin unsere Unvollendetheit, unsere Armseligkeit, daß wir nie endgültig besitzen, sondern immer neu erwerben müssen, was uns Christus und sein Evangelium bedeuten? Christsein wäre so anschaulich bei Christen, die auf der Suche sind nach seinem ursprünglichen und gültigen Sinn. Die damit gegebene Unsicherheit ist ein Teil des Kreuzes, mit dem Christen sich anzufreunden haben.
Unterwegssein — das kennt jeder. Unterwegs beim Spaziergang, unterwegs nach Hause, unterwegs im Auto, im Zug, unterwegs aus dem Urlaubsort. Vielfach ist der Weg kurz. Oder er wiederholt sich. Solches Unterwegssein wird schnell

Routine. Ist der Weg lang und führt er gar eine unbekannte Strecke, dann vermittelt das Unterwegssein ein Gefühl der Ungeborgenheit. Auf dem Weg sind wir heimatlos. Es hält und trägt und sichert das Wissen um das Ziel.
Es gibt nicht viele Menschen, die ohne Ziel aufbrechen. Der Urlaubsort steht fest; das Quartier ist reserviert, das Hotelzimmer bestellt. Abenteurer ist, wer ziellos aufbricht. Als leichtsinnig gilt, wer sein Ziel dem Zufall anheimgibt. Unterwegssein wird zum Schicksal, wenn neben dem Ziel auch ein Ort fehlt, an den man zurückkehren kann. Gammler nennen wir sie, Landstreicher, Nichtseßhafte. Sie trifft unser Unverständnis, wenn nicht unsere Verachtung. Sie bleiben Randexistenzen, Außenseiter. Ein anständiger Mensch ist nicht so radikal unterwegs. Er hat wenigstens einen festen Wohnsitz. Er geht geregelter Arbeit nach. Auf dieser Basis und als Unterbrechung des Alltags wird Unterwegssein geduldet. Aber radikal unterwegs? Wovon gehalten?
Die Bibel kennt das Unterwegssein. Abraham wurde auf die Reise geschickt. Was ihn sicherte: Haus, Besitz, Familie, gab er auf — ohne das Ziel zu kennen. Gott, das glaubte er, würde es ihm zur rechten Zeit zeigen. Es dann zu kennen, war zeitig genug. In der Begleitung Gottes und bei einer Handvoll Freunden zu sein, das gab ihm Sicherheit.
Jesus war unterwegs. Er hatte nichts, wohin er sein Haupt legen konnte — so erzählt die Bibel — im Gegensatz zu den Füchsen, die ihre Höhlen haben und den Vögeln mit ihren Nestern. Sein Vater war mit ihm und seine Freunde um ihn, das genügte. Mehr bedurfte es nicht.
Die Jünger begaben sich in die Nachfolge. Jünger sein, glauben — das fand seinen Ausdruck im Mitgehen mit Jesus und in der Sendung durch Jesus, ohne Beutel und Tasche noch Schuhe und ohne vorher festgelegtes Reiseziel. In Gruppen kamen und gingen sie und Gott begleitete sie. Das Bewußtsein, nicht allein zu sein, gab ihnen Sicherheit.
Unterwegssein — das ist eine Chiffre für das Ungesicherte des Christseins. Wer Christ sein will, der muß unterwegs sein. Der läßt sich durch die Unsicherheit auf dem Wege nicht ängstigen und entmutigen. Christen sind in Bewegung. Christen scheuen nicht das Unterwegs. Sie wissen sich unter Freunden und in der Begleitung Gottes.
Auf dem Wege begegnen Christen dem Kreuz. Sie werden

von Leiden angefallen. Sie sind vielen Gefährdungen ausgesetzt. Auf dem Wege können sie in Not geraten. Unterwegs können sie abirren. Doch Christen werden nicht mutlos. Unter Mitchristen sind sie und in der Begleitung Gottes.
Sind Christen unterwegs, dann haben sie ihr bisheriges Leben aufgegeben. Christen sitzen nicht fest, nicht in langweiliger Wohlanständigkeit, nicht in fader Bequemlichkeit. Sind Christen unterwegs, dann haben sie das Ziel noch nicht erreicht. Sie kennen es und sie suchen es. Christen haben weder das Irdische noch das Himmlische in Besitz. Sie richten ihren Sinn auf die Heimat hin. Zwischen beiden, losgelöst von dem einen und das andere noch vor sich, bleiben sie ausgesetzt. Sie fragen sich gegenseitig, woher sie kommen und wohin es gehen soll. Und sie wissen sich in der Begleitung Gottes.
Bußzeit haben wir. Zeit der Umkehr. Zeit sich wieder auf den Weg zu machen. Zeit sich hinzuwenden zur Heimat. Buße ist das: neuen Wegzeichen folgen; in die Nachfolge Christi einzutreten, sich mit Freunden darüber verständigen, wohin das Heute führt. Buße ist das: sich neue Orientierungsmarken stecken, sich Jesus Christus neu anschließen: der Gruppe, die ihm folgend sich bewegt. Buße fordert: das Unterwegssein auf sich zu nehmen — in dem Wissen, wir sind unter Freunden und haben Gott als Begleiter.

Gebet

Herr, meine Wege gleichen oft den Gängen eines Labyrinths. Es gibt einen Weg, der allein der rechte ist. Aber Ablenkungen, Reize, verführerische Angebote bringen mich immer wieder vor eine Wand. — Herr, gib mir die Kraft zur Umkehr, zum Suchen nach einem neuen Anfang. Gib mir den Mut, mich selbst zu sehen, mich Deinem Licht zu stellen, das so viel klarer ist als alles Licht, das mir den wirklichen Weg zeigt zu dem Ziel, das Du bist. Amen.

3. Fastensonntag (Lk 13, 1-9)

»Kehret um, erneuert euch!«

Einleitung

Der heutige Sonntag bringt uns den Leitgedanken der Predigt Jesu nahe: »Kehret um, erneuert euch?« In diesen Worten wird die Verheißung wahr: »Ein neues Gesetz werde ich ihnen geben und in ihr Innerstes legen«. Diese Gedanken führen uns zu persönlichen Fragen: Bin ich mir dessen bewußt, daß Gottes neues Gesetz in mir ist? Wie gehe ich mit meinem Denken um? Wie gestalte ich mein Leben? — Die Antwort, die ich mir gebe, wird mich hinführen zu dem vertrauensvollen Bitten:
Herr, erbarme Dich,
Christus, erbarme Dich.
Herr, erbarme Dich.

Predigtskizze

Ziel: Die Zuhörer der Predigt sollen ermutigt werden, eine Hilfe für eine Neugestaltung ihres Lebens zu finden.

Verlauf

Einleitung:

1) Darstellung unserer gegenwärtigen Lebenssituation in der Spannung zwischen totaler Ausbeutung der Welt und Aussteigertum.
2) Oder: Problematik der Grundwertediskussion, die von allen Denkrichtungen her geführt wird.
3) Oder: Darstellung des Lebens des hl. Franziskus.

Hauptteil:

1) Unsere gegenwärtige Situation läßt es nicht zu, daß wir in einer »Ohne-mich-Haltung« leben können. Wir sind zu einer Stellungnahme verpflichtet.
2) Manche haben Angst, daß sie schuldig werden, wie immer sie sich entscheiden und daß die nächste Generation ohne Verständnis unser Tun betrachtet.
3) Mehr und mehr Menschen ergreifen Partei für die Erhaltung der Umwelt oder für das (ungeborene) Leben und laufen dadurch Gefahr, als »linke Spinner« verurteilt zu

werden. Nur wenige setzen ihr ganzes Tun und Denken dafür ein; viele geben auf angesichts des noch immer verbreiteten Unverständnisses, auf das sie mit diesem Denken bei weiten Kreisen der Bevölkerung stoßen.

4) Extreme Polemik nach beiden Seiten hin verhindert weithin ein gutes Gespräch und verantworteten Umgang mit den Gütern.

5) Das Beispiel des hl. Franziskus von Assisi kann uns hilfreich sein. Dieser Mann war so voll Liebe zu seiner Umwelt, daß er alle Elemente zärtlich »Bruder« oder »Schwester« benannte. Sein totaler Verzicht auf mehr als das, was er zum Leben nötig brauchte, kann uns in manchen Entscheidungen weiterbringen.

6) Fragen wir uns danach, was wir mit unserer Zeit anfangen, wie wir sie nützen oder mit Sinnlosigkeit vertun; fragen wir uns nach dem, wie wir lebensnotwendige Dinge oder Genußgüter in Überfluß besitzen und damit umgehen, alleinbleiben oder teilen; fragen wir auch, wie leichtsinnig wir mit Leben umgehen, mit dem eigenen oder mit fremdem, wie wir z. B. autofahren, uns fithalten oder nur erschlaffende Bequemlichkeit suchen.

7) Unser Geist ist es, der uns vor allen Lebewesen auszeichnet: Wie gehen wir mit unseren Talenten um, schärfen unser Denkvermögen oder geben uns vorschnell mit einseitigen Erklärungen zufrieden.

8) Über den hl. Franziskus werden wir neu an die Aussagen der Bibel herangeführt. Hier können wir noch immer Antworten auf Fragen unserer Zeit finden.

Schluß:

1) Gerade die vorösterliche Bußzeit gibt uns die Möglichkeit der Rückbesinnung auf Gott, auf uns selbst und die Art, wie wir unser Leben gestalten.

2) Die Pflege des häuslichen Gebetes und des geistlichen Gesprächs könnte für Familien ein Anknüpfungspunkt sein, der nach Wegen suchen läßt, wie wir in unseren Familien einen neuen Anfang setzen wollen.

3) All unser Suchen, unser Besinnen, unser Sorgen können wir im Gebet vor Gott bringen und wissen uns dabei getragen von den vielen Menschen, die mit uns beten und so zur großen Gemeinschaft der Kirche werden.

4) Diese Gewißheit hilft auch, die Vorsätze dieser Abende weiterzutragen und zu verwirklichen für ein besseres Miteinander der Menschen und fürsorgendes Leben mit der Umwelt.

Fürbitten

Herr, unser Gott. Nur selten sind wir uns dessen bewußt, was Du als das neue Gesetz in uns gelegt hast. Dein Gebot der Liebe bestimmt nicht immer unser Leben. Darum bitten wir Dich:

— Vertiefe in uns das Bewußtsein, daß Dein Geist uns geschenkt wurde und uns leiten will.
— Laß unser Zusammenleben mehr durch die selbstverständliche Verwirklichung der Liebe bestimmt sein.
— Schenke uns den Mut zur Muße, Gebet und Meditation, wo wir Dich finden und als den erkennen, der unserem Leben Sinn verleiht.

Herr, Du begleitest uns in unserem Alltag. Oft aber lassen wir Äußerlichkeiten mehr bestimmen als Dich, dem wir glauben und zu dem wir oft nur dann beten, wenn unser Können versagt. Erbarme Dich unser und erhöre uns. Amen.

4. Fastensonntag (Jes 5, 9a. 10-12)

»Essen vom Ertrag des Landes«

Einführung

Es ist uns eine Selbstverständlichkeit, daß unsere Teller gefüllt sind oder nötige Dinge im Supermarkt bereitliegen. In Krisenzeiten machen wir sog. »Hamsterkäufe«, damit wir in wirklicher Not nicht darben. — Ob es manchmal bewußt wird, daß der Notstand vielleicht deswegen kam, weil wir zu selbstverständlich vom »Ertrag des Landes leben«? Nur äußeren Aufbau haben wir geschaffen, nicht aber zur eigentlichen Mitte gefunden.

Ansprache

»Am Tag nach dem Pascha, an demselben Tag, als sie vom Ertrag des Landes ungesäuerte Brote und geröstetes Korn aßen, blieb das Manna aus, und die Israeliten erhielten fortan kein Manna mehr«.
Hatte Gott die Israeliten verlassen? War sein Volk von ihm abtrünnig geworden? Bestrafte er es durch das Zurückhalten des Liebgewordenen?
Immer wieder suchen wir nach Rezepten. Ob wir beim Kochen erst auf dem Päckchen lesen oder uns im Beruf einarbeiten — entscheidend ist das »Gewußt wie«! Gleich fühlt man sich sicher. Man kennt sich aus.
Diese Einstellung im täglichen Leben beeinflußt auch unser Leben aus dem Glauben. Auch hier sind wir immer wieder versucht, nach Tips und Anregungen zu greifen. Sie sollen uns helfen, die Wirklichkeit des Glaubens, ja Gott selbst, erfahren zu können.
Aber gibt es im religiösen Leben ein »Gewußt wie« — nicht als technisches Rezept, aber doch als brauchbaren Hinweis?
— Ein Rezept kann es sicher nicht geben. Doch glauben wir, verschiedene Möglichkeiten der Gotteserfahrung zu spüren: Man könnte Gott im Menschen begegnen, ein Weg allerdings, der ein waches Gespür erfordert, gerade weil er so menschlich ist. Eine weitere Möglichkeit vermeinen wir in der Meditation und der bewußten Stille zu sehen.
Die Lesung des heutigen Tages weist uns noch auf ein Weiteres hin: In der Veränderung, in der Entwicklung, im Neuen, im Ungewohnten kann für uns die Kraft Gottes erfahr-

bar werden. — Aber wie ist das zu verstehen? — Am besten betrachten wir unser eigenes Verhalten: Wir suchen Geborgenheit und erhoffen uns für die auftretenden Probleme klare Lösungen. Eigentlich ist nichts dagegen einzuwenden. Wohl aber gegen die Tendenz, die Lösung vorschnell erzwingen zu wollen. Die unangenehme Unsicherheit und die Spannung ungelöster Fragen soll möglichst rasch beendet werden. Denn ohne Lösung zu sein, macht uns unsicher. Allerdings: eine erzwungene, zu schnell erschlossene Lösung befriedigt auch nicht.

Ein kleines Beispiel kann dies verdeutlichen:
Ich sitze vor einem schweren Silbenrätsel und probiere hin und her. Plötzlich lese ich unten den kleingedruckten Satz: »Die Lösung findet sich auf der letzten Seite des Heftes«. — Wenn ich jetzt ungeduldig werde und rasch nachgebe, dann habe ich zwar schnell die Lösung — aber ich bin doch enttäuscht. Ich war nicht fähig, die Offenheit der Frage, die Spannung auszuhalten. —

Müßte ich nicht eigentlich die Geborgenheit, die oft nur eine »Schein«-Geborgenheit ist, aufgeben? Müßte ich nicht besser sehr intensiv einen Weg suchen, um mein Leben besser zu verstehen? — Gerade wenn ich etwas mühsam erworben, eine Erkenntnis sehr langsam, vielleicht schmerzhaft für mich gefunden habe, dann wächst mein Selbstvertrauen. Ich spüre Boden unter den Füßen, einen Weg, den ich mir selbst erschlossen habe. Ich sehe, es ist sinnvoll, die Unsicherheit und Spannung in der Veränderung auszuhalten. —

Auf dem langen Weg durch die Wüste konnte Israel Gottes helfende Nähe im Manna erfahren. Es war schon selbstverständlich. Man brauchte keine Sorge zu haben, Gott war in der Nähe. Nun, vor der Eroberung des Neuen, des verheißenen Landes bleibt das Manna aus. —

Die Versuchung liegt nahe, lieber am Rande der Wüste zu bleiben und sich dort weiterhin durch das Manna ernähren zu lassen. — Oder aber kann Israel die Nähe Gottes auch im Erforschen des neuen Landes erkennen? In dem Glauben, den es hier vorfindet? —

Es wird notwendig im ureigensten Sinn des Wortes, den Übergang zu wagen. Israel muß die Geborgenheit aufgeben, um der Verheißung in dem Land der Väter näherzukommen. Jeder verspürt mitunter die Unsicherheit, die der stän-

dige Wandel mit sich bringt. Doch nach den heutigen Überlegungen dürfen wir fragen: wird uns darin nicht ein Angebot zur Erfahrung Gottes gegeben? —
Vorgesehene Sicherheiten und Geborgenheit können uns unter Umständen hindern, unseren persönlichen Glauben zu finden. Der Mut, sich selbst immer wieder in Frage zu stellen, könnte ein erster Schritt sein, eine entscheidende Hilfe, um heute zum Glauben zu finden. Denn Gott ist uns nicht nur nahe in der Geborgenheit, auch im Mut zum Aufbruch, im Mut zur Veränderung, im Mut, Spannung auszuhalten. Hier wirkt der göttliche Geist. Hier können auch wir mitwirken im Auftrag Jesu.

Fürbitten

Herr, unser Gott, zeig uns auf dem Weg durch die Wüste unseres Lebens das Ziel, an dem angelangt wir »vom Ertrag des Landes leben« können.

— Laß uns in schwierigen Situationen erfahren, daß in allem ein Sinn steckt. Laß uns neue Kräfte schöpfen für einen Neubeginn.
— Laß uns in dem Erreichten sehen, daß nicht nur das Bemühen um Wohlstand sinnvoll war, sondern jedes Ringen auf dem Weg dahin.
— Laß uns Menschen sein, die sich unterwegs und als Unfertige miteinander verstehen, die aber gemeinsam zu Dir finden als der Mitte des Lebens.

Denn wie Du die Israeliten auf ihrem Weg durch die Wüste mit Manna gespeist hast, so gibst Du auch uns immer wieder Deine Hilfe, damit wir auf eigenen Füßen stehen können, weil wir uns in Dir erfahren haben. Amen.

»Auch ich verurteile Dich nicht«

Einführung:

Wir sind oft vorschnell mit unserem Urteil. Lebt jemand anders, dann ist er »komisch«; wir tun uns schwer mit ihm. Was wir für richtig halten, das setzen wir auch zum Maß für andere. Wir können kaum begreifen, daß man so töricht sein kann und nicht unseren Weg mitgehen will.
Christus lehrt uns etwas anderes: Der Mensch neben mir ist eine eigene Person. Selbst wenn er Fehler macht, haben wir nicht das Recht zur Steinigung. Unsre eigenen Schwächen wiegen oft viel schwerer.
Darum wollen wir uns besinnen, wo wir vorschnell geurteilt haben, einen Menschen vielleicht verurteilt oder ihn durch unsere Ablehnung zum Außenseiter abgestempelt haben.
Für all unser Versagen bitten wir um Vergebung:
Herr, erbarme Dich.
Christus, erbarme Dich.
Herr, erbarme Dich.

Ansprache:

Bei einem Gespräch eines Bekannten mit seinem Kollegen war ich zufällig anwesend. Beide bestätigten mir, daß meine Anwesenheit sie nicht störe und sie sich auch so austauschen könnten. Inhaltlich ging es um berufliche gemeinsame Fragen. Doch der Stil der Gesprächsführung fiel mir auf. Selten vorher hatte ich erlebt, daß mein Bekannter so rasche Antworten gab, seinem Gesprächspartner sogar ins Wort fiel und auf mich den Eindruck eines unausgeglichenen Managers machte. Als ich ihm später diese meine Beobachtung sagte, meinte er: »Das ist ein komischer Typ. Wenn der so seine Vorstellungen losläßt, dann kommt meist etwas Versponnenes heraus«. Eine zeitlang reflektierten wir noch dieses Gespräch, dann mußte ich gehen.
Einige Monate später rief er mich an und erzählte recht froh, daß er mit seinem Arbeitskollegen eine ganz tolle Sache plane. Zunächst sei es ihm wohl wieder etwas eigenartig erschienen, aber nun gehe es gemeinsam sehr gut. Etwas verwundert fragte ich, wie es geschehen sei, daß sie beide nun gut miteinander arbeiten könnten. Da berichtete mir

5. Fastensonntag (Joh 8, 1-11)

mein Bekannter, daß ihn unser damaliges Gespräch betroffen gemacht habe und er inzwischen sich und sein Verhalten diesem Kollegen gegenüber überprüft und dann einmal in Ruhe mit ihm gesprochen habe. Das habe nun dazu geführt, daß er seine Vorurteile abgebaut und den anderen ganz neu kennengelernt habe. Nun sei ein gutes Verständnis zwischen beiden, und die Arbeit laufe in einer guten Atmosphäre bei beiden viel besser.

Ich glaube, daß die heutige Perikope aus dem Johannesevangelium uns eine Richtung zeigt. Fromme Leute, die eine Frau zu Jesus bringen, die sie beim Ehebruch ertappten, erhoffen sich zurecht die Bestätigung von Jesus, wenn sie diese Sünderin nun steinigen werden. Jesus aber antwortet ihnen nicht; wie abwesend schreibt er in den Sand. Billigt er vielleicht das Tun dieser Frau? Tut sie ihm nur leid und er gibt ihnen deswegen nicht das Startzeichen? Sie sind doch alle rechtschaffene Bürger, die sich um einen guten Lebenswandel mühen und mit dieser Tat nur die allgemeine Moral retten wollen. Sie tun doch nichts Unrechtes. — Da drängen sie ihn: Doch die Antwort, die sie erhalten, löst Verwirrung aus: »Wer von euch ohne Sünde ist, der werfe den ersten Stein«. — Also ist es richtig, diese Frau wegen ihrer Tat zu bestrafen. Aber warum hebt keiner den ersten Stein auf? — Wer von uns hätte es tun können? Wer von uns hätte das Todesurteil fällen können unter dieser Bedingung? Müßten wir uns nicht ebenso davonschleichen?

Als Jesus sich mit der Frau allein auf dem Platz sieht, versichert er ihr, daß sie keine Angst vor ihm zu haben brauche: »Auch ich verurteile Dich nicht!« Und er entläßt sie mit der Ermahnung: »Geh hin und sündige nicht mehr!«

Wie oft befinden wir uns in ähnlichen Situationen! Und dennoch greifen wir die Steine auf zum tödlichen Wurf! — Da ist das 16-jährige Mädchen, von dem wir ja immer gewußt haben, daß es einmal so enden müsse. Wie die sich stets allen Männern an den Hals warf, da mußte sie ja einmal ein Kind bekommen. Nur zu recht, wenn jetzt Schande über sie kommt. — Der junge Mann, der sich bei einem Unfall schwer verletzte, hat nun seine gerechte Strafe gefunden, wenn ihm das Bein steif bleibt. Warum mußte er auch immer so rasen. — Dieser Person würde ich nie etwas anvertrauen, das ist ja eine »Zeitung«.

Wir brechen den Stab. Wir heben den Stein auf zum Wurf.
— Oder wie stellen wir uns vor, kann jemand mit einem verdorbenen Ruf weiterleben? Er wird vielleicht aus verzweifeltem Bemühen um Wiedergutmachung, um Aufnahme neuer Beziehungen, um etwas Anerkennung willen mögliche weitere Fehler machen. Bezeichnen wir es nicht als »Ruf-Mord«, wenn jemand verleumdet wird? Damit gestehen wir also einen »Mord« ein, nicht »Tötung«, nicht »Verletzung«. Oft wissen wir nur sehr wenig vom anderen, seinen wirklichen Gründen, seiner Einsamkeit, seinen Tränen. Und doch fällen wir ein Urteil. Das Beispiel meines Bekannten lehrt mich eines besseren: Je mehr ich vom anderen weiß, um so eher verstehen wir uns, finden wir die Bereitschaft zum Nachdenken, zur wirklichen Auseinandersetzung mit den Argumenten, die einem vorher als »komisch« vorkamen. Und das beispielhafte Tun Jesu zeigt mir, daß es niemals Sache der Menschen sein kann, einen anderen wegen seiner Fehler zu »erniedrigen«. Ich möchte mich um überlegtes Handeln bemühen. ...

Gebet

Herr, in meinem Tun sehe ich oft nur das Suchen nach Selbstbestätigung. Um selbst gut dazustehen, opfere ich leichtfertig den Ruf eines anderen. Später kann ich ihm ja sagen, daß es mir leid tut, daß ich ja alles gar nicht so gemeint habe; und wenn ich auch das gut mache, verzeiht er mir vielleicht. — Hilf mir, Herr, daß mein Tun echt wird, mein Sprechen rücksichtsvoller, mein Urteil nicht so vorschnell. »Auch ich verurteile dich nicht!« — diesen Satz will ich mir »einhämmern«, damit nicht andere unter mir leiden. Hilf mir dabei. Amen.

»Begreift ihr, was ich an euch getan habe?«

Ansprache

Die heutige Eucharistiefeier rückt zwei Ereignisse in den Mittelpunkt: Die Einsetzung des Herrenmahles (2. Lesung) und den Demutsdienst der Fußwaschung (Evangelium).
Unter all dem aber steht die Frage Jesu: Begreift Ihr, was ich an Euch getan habe? —
Wer nur am Rande steht, wird nichts begreifen.
Wer Zaungast bleibt, bleibt außerhalb.
Solange wir uns nicht in den Kreis der Jünger begeben, solange wir dieses Geschehen nur distanziert mitverfolgen und uns nicht selber einbeziehen lassen, solange stehen wir abseits.
Die Szene im Abendmahlsaal faßt alles zusammen, was Jesus wollte. Jesus läßt sich auf den Boden nieder — er, der »Meister und Herr«. Er geht vor seinen Jüngern auf die Knie, auch vor dem, der ihn verraten wird.
Anderen die Füße waschen, das war der niedrigste Dienst, ein Dienst, der Sklaven vorbehalten war. Jesus setzt ein Zeichen, wenn er diesen Dienst tut. »Habt ihr verstanden, was ich euch getan habe?« — Diese Frage meint nicht nur das Einzelgeschehen an diesem Abend, sie umgreift das ganze Leben Jesu: Das Ganze war Dienst, Hingabe, Verfügbarkeit, Liebe, Sterben, um Leben zu bewirken.
»Habt ihr verstanden?« — Das ist bis heute auch die Frage des Gründonnerstags an uns: Haben wir verstanden, worum es Jesus geht? Verstanden in einer Weise, daß es unsere Existenz verändert, daß es immer wieder die Härte unseres Alltags aufbricht und die Selbstsicherheit in Frage stellt?
Ständen wir ein wenig in der Nachfolge Jesu,
wären wir unbedeutend und doch stadtbekannt;
belastet und doch froh;
arm und doch viele bereichernd;
ohne Besitz und doch alles besitzend;
wir würden zum Zeichen, auf das andere schon lange warten.
Aber die Wirklichkeit sieht ganz anders aus:
trotz umfangreicher sozial-psychologischer Literatur, trotz größerem Wissen über Gründe und Hintergründe menschli-

chen Verhaltens: die Jagd nach dem »ersten Platz« hat sich keineswegs verringert.

Jeder möchte oben sein. Wir waschen anderen lieber den Kopf als die Füße. Kannst Du was, so bist Du was.

Eine solche Welt braucht eine provozierende Frage: Unsere Art zu leben muß diese Frage sein, unsere Art zu denken soll andere befreien, in einer Welt von Prestige und Leistung, von Fakten und Bilanzen soll die Kirche im Auftrag ihres füßewaschenden Herrn ein Zeichen sein.

Wenn die Kirche sich als Zeichen der Anwesenheit und Wirksamkeit Gottes unter den Menschen versteht, dann sind Eucharistie und Fußwaschung nicht zu trennen.

Doch es gibt Gottesdienstgemeinden, die jahrelang einen liturgischen Service beanspruchen, jeden Sonntag neu, ohne zu begreifen, worum es geht.

Vielerorts immer noch ein völlig individualistisches Heilverständnis: Man ist zur Eucharistie versammelt, kniet in der gleichen Bank, geht zusammen zur Kommunion — und doch; Jeder ißt sein eigenes Brot! Und dies ist fast ein Symbol: Man steigt ins Auto oder geht nach Hause und tut so, als ob nichts geschehen sei. Gemeinde Jesu aber, die diesen Namen verdient, verlangt vielfältigen Kontakt, Kommunikation, Kommunion. Und das muß man beglückend erfahren können, das muß sich konkretisieren.

Wer das Evangelium verstanden hat, kann nicht mehr weiter nur Privatmann sein. Für ihn stellt sich — entsprechend seiner Begabung — eine Fülle von Aufgaben:

— Was geschieht mit unseren Kindern, die ihren Hausschlüssel als Schmuck um den Hals tragen?
— Was geschieht mit den alten Menschen, die in ihren Wänden hocken und nur noch auf den Tod warten?
— Was geschieht mit den jungen Eheleuten, deren Zweisamkeit zur Einsamkeit wird, deren Ehedramen immer neue Akzente erhalten, deren Kinder wie ein Fußball hin und her geschoben werden: mal hat sie der eine, mal der andere, aber meistens sind sie im Abseits?

Werden wir ihnen Hilfe sein, daß sie wieder einen Sinn begreifen, daß sie weiterleben können, sich freuen, hoffen, aufatmen, daß sie in unserer Nähe wieder Lachen lernen?

Wenn eine Gemeinde sich gegenseitig im Glauben stützt, wenn Eheleute einander vergeben, wenn alt und jung sich

vertragen, wenn wir mit den Weinenden trauern und mit den Fröhlichen fröhlich sind, dann ist das mehr als bloße Ethik. Und wenn man uns fragt, was ist denn das Besondere an euerem Christentum, was tut ihr denn anderes, dann ist das die Antwort: Wir verhelfen einander zum Heil und vermitteln Erlösung. In solcher Fußwaschung setzt sich der erlösende Dienst Christi fort. Bei solcher Fußwaschung werden zufällig zusammenwohnende Menschen zur Gemeinde, in der man sich gegenseitig trägt, um wieder für andere verfügbar zu sein. Bei einer solchen Fußwaschung wird Gottestdienst auch Menschendienst. Bei einer solchen Fußwaschung trifft sich die Gemeinde zum Danksagen, zur Eucharistie, denn von hier aus geht die Kraft hervor, die die Kirche Jesu lebendig macht. Eine Kirche aber, die damit ernst macht, daß erst die vollendete Gottesherrschaft Weizen und Unkraut, gute Fische und schlechte Fische getrennt haben wird;
eine Kirche, die weiß, daß sie der Welt kein Theater vorzuspielen braucht, als ob in ihr alles intakt sei;
eine Kirche, die nicht vergißt, daß sie ihren Schatz in sehr irdenen Gefäßen trägt;
eine Kirche, die weiß, daß ihr Glaube schwach und ihr Bekennen zögernd und stammelnd ist;
eine Kirche, die erfahren hat, daß es keine einzige Sünde gibt, die ihr nicht zur Versuchung werden kann und der sie nicht schon längst in dieser oder jener Weise erlegen ist;
eine Kirche, die sich zwar von jeder Bosheit distanziert, aber den Menschen nie aufgibt;
diese Kirche ist liebenswert, sympathisch, sie wird zur Hoffnung vieler Menschen, ihr ist die Verheißung des Herrn gegeben. Dieser Kirche gelingt die Kommunion mit Christus und der Welt.
Und am Ende steht die Bitte. Am Ende bleibt das Vertrauen, daß seine Nähe uns unverlierbar geschenkt ist in den Zeichen von Brot und Wein. Es bleibt die Gewißheit, daß wir dazu letztlich nur in ihm die Kraft haben:

»Wenn ich rede — dann für die Stummen.
Wenn ich gehe — dann für die Lahmen.
Wenn ich stark bin — dann für die Schwachen.
Denn ich lebe für viele.
Ich bin Speise und Trank«. (Lothar Zenetti)

Am Ende steht die Bitte:
»Gedenke, Herr, Deiner Kirche,
rette sie vor allem Bösen,
und vollende sie in Deiner Liebe«. (Didache 10, 5)

»Meditation zum Karfreitag«

Jesus ist tot, meine lieben Schwestern und Brüder! — Lassen Sie uns ein paar Minuten hier verweilen, uns einfach den Gedanken hingeben, die uns erfüllen, wenn wir heute dieses Gedächtnis begehen.

Irgendwie ist es eine eigentümliche Situation: Denn es liegt eine Spannung über diesem Tag, die uns fragen läßt: sollen wir schweigen ob diesem Geschehen, sollen wir trauern mit dem Menschen, der von uns gegangen ist, sollen wir jubeln, weil in diesem Tod das Heil für uns liegt? —

Die Geschichte hat schon manchen sog. »schwarzen Tag« erlebt, einen Tag, der uns weltweit Not und Elend brachte. Wer denkt nicht an einen solchen Tag zurück — oder an den Tag, da er Vater oder Mutter oder ein Kind oder einen lieben Menschen verlor. Es war, als müßte die Welt stehenbleiben bei so viel unerklärlichem Leid. Und jedesmal, wenn der Kalender sich jährt, überkommt uns wieder dieser unsagbare Schmerz, weil wir es noch genau vor Augen haben, wie er damals starb; seine letzten Worte sind uns noch vertraut — wir hüten sie wie einen Schatz, sein Aufbäumen im Tod bleibt uns vor Augen.

In dieser Situation stehen wir nun gemeinsam mit Maria, der Mutter Jesu, mit seinen hoffnungsverlorenen Jüngern, die sich einschließen, nichts mehr von all dem hören und sehen wollen, was um sie herum geschieht. Sicher geht es ihnen noch durch den Sinn, was er gestern abend beim Mahl alles gesagt hatte, wie er da schon so ganz anders war als sonst. Sie spüren noch den Bissen, den sie mit ihm geteilt hatten, sie schmecken noch den Wein, den er ihnen zu trinken gab — und sie hatten ihn nicht verstanden, als er ihnen sagte, daß er ihnen in diesen Zeichen immer wieder begegnen möchte. Sie hörten seine Stimme, verstanden aber die Worte nicht, als er von seinem nahe bevorstehenden Tode sprach. Nur Petrus hatte es gewagt, ihm zu widersprechen, ihm angeboten, ihn zu verteidigen. — Aber genau dieser Petrus schämte sich noch immer, weil er so schwach gewesen war, so feige, daß er auf das Geschwätz einer Magd hereingefallen war und den besten Freund verleugnet hatte. Was hätte ihm denn passieren können, wenn er es zugegeben hätte? Er wäre vielleicht verspottet worden oder vom Hofe ver-

trieben; aber was ist das schon im Vergleich zu dem, was mit Jesus geschehen war. — Gewiß, er hatte gespürt, daß dieser Jesus ihn verstand, ihm verziehen hatte, als sich ihre Blicke kreuzten. — Hätten sie nicht doch etwas unternehmen sollen? Hätten sie nicht trotz Jesu ausdrücklichem Verbot mit den Waffen für ihn eintreten sollen? — Und warum hatte er sich denn nicht selbst verteidigt? Warum hatte er geschwiegen, als sie ihn verhörten? — Nun war alles aus. Alles Fragen nach Wenn und Hätte zu spät: Jesus war tot. Der beste Mensch, der ihnen je begegnet war, war tot. Auf ihn hatten sie alle Hoffnung gesetzt. Und nun — vorbei! Aber warum? Warum mußte dieser Gerechte sterben? Warum ließ man einen solchen Schurken wie Barrabas frei? — Warum? —
Wer darauf kam, wußte später niemand mehr zu sagen. Aber auf einmal dachten sie an seinen mehrfachen Hinweis auf seinen Tod. Sie hatten es damals alle nicht so ernst genommen. Aber jetzt fiel es ihnen wie Schuppen von den Augen: Er hatte um seinen Tod gewußt, er hatte auch gewußt, *warum* er starb. —
Wie oft stellen wir die Frage nach dem »Warum«, wenn jemand unerwartet aus unserer Freundschaft gerissen wird! Wie oft wünschen wir dann, daß die Welt ohne uns weiterexistieren möge, daß uns in unserem Schmerz keiner mehr ansprechen möge! — Und doch halten wir das Alleinsein nicht aus, wir fliehen vor uns, vor der Antwort, die vielleicht auch uns wieder neue Hoffnung schenken kann: Dieser Gerechte, dieser Jesus von Nazareth, ist gestorben, weil in seinem Tod der Tod für uns alle besiegt sein sollte. Er starb, weil seine Liebe, die er den Menschen schenkte, nur deren Neid, deren Haß, deren Unverständnis, deren Abwehr oder deren Aggression geweckt hatte, weil sie spürten, daß wirklich alles anders, alles besser sein könnte, würden sie nach seinem Wort leben — aber *die Forderung, sich selbst zu geben,* nicht nur zu empfangen, diese Forderung wollten sie nicht hören, dies konnten sie nicht ertragen! —
Wer kann schon ständig mit einem schlechten Gewissen leben? Damit, daß er eigentlich viel mehr tun könnte; damit, daß er eigentlich längst verzeihen könnte, wenn es nur der Stolz zuließe; damit, daß er eigentlich das alles gar nicht so gemeint hatte, was den Nachbarn so erzürnt hatte — aber

wenn er sich *so* aufregte . . . dann als erster nachgeben? — Nein! — Und doch ist es eigentlich lächerlich, ist es einfach sinnlos, so zu leben. Das weiß man selber . . . aber sagen darf einem das keiner; das geht keinen etwas an; das ist Privatsache. —
Er, Jesus von Nazareth, ist gestorben, weil er für andere da war. — Werden wir das eigentlich eines Tages begreifen? Werden wir es verstehen, warum Kennedy starb, warum Martin Luther King starb, warum Mahatma Gandhi starb, warum Hans-Martin Schleyer starb, warum so manche Geißel ihr Leben ließ, *warum wir sterben werden?* —
Theoretisch liegt uns die Antwort vielleicht schon auf der Zunge: *Dieser Tod bedeutet für uns alle ein Auftrag!* Das wissen wir schon so lange. Und darum beschäftigen wir uns nicht mehr damit. Deshalb sterben wir lieber selbst einen sozialen Tod, schließen uns von den anderen ab, wenn uns der Tod des nahestehenden Menschen trifft. Deshalb werden wir nicht damit fertig, daß der Tod das Tor zum Leben ist. Deshalb sind dies Schlagworte für uns, weil wir es einfach nicht glauben wollen, daß wir uns wieder begegnen. Deshalb frißt uns die Trauer auf, statt daß wir Jesu Wort glauben, wenn er dem Verbrecher neben ihm verspricht: Noch heute sollst Du mit mir im Paradiese sein! —
Der Tod — Jesu Tod, der Tod so mancher Geißel, der Tod auch so manches jungen Menschen im Straßenverkehr — der Tod ist immer zugleich Schmerz und Grund zur Hoffnung. Denn seit Jesu Tod stirbt keiner mehr für sich allein. Seit seinem Tod hat der Tod nicht das letzte Wort. Seit Jesu Sterben ist das Sterben eines jeden Menschen das Sterben für andere, das Hinübergehen in die Ewigkeit Gottes, in ein Sein, das nicht schreckt, sondern befreit. Seit Jesu Tod sind wir hineingenommen in ein Leben ohne Ende, ein Geheimnis, zu dem wir uns nicht weiterhin nur mit Worten bekennen dürfen, wenn wir sprechen: Deinen Tod, o Herr, verkünden wir, und Deine Auferstehung preisen wir, bis Du kommst in Herrlichkeit. Amen.

»Er sah und glaubte«

Ansprache

Sicher haben Sie schon einmal eine Höhle besucht, vielleicht eine der Tropfsteinhöhlen, in denen in Millionen von Jahren die Natur so herrliche Zauberfiguren aus Stein geschaffen hat. In einigen fand man Skelette von Tieren oder Menschen, die heute präpariert ausgestellt werden. Sie stellen sich die Vergangenheit vor, in der diese Menschen lebten. Sie konstruieren Bilder, damit die Geschichte lebendig wird.
Als die Jünger am heutigen Morgen das Grab vorfanden, erstand in ihnen sicher auch die Erinnerung an damals, an die Zeit vor dem Karfreitag, in der sie mit Jesus voll Hoffnung seine neue Welt erbauen wollten. Doch sie fanden nur Leichentücher, keine Zeichen eines Menschen: »Er aber war nicht da« — das ist das einzige, was Petrus feststellen kann. Niedergedrückt von den Erlebnissen der letzten Tage, kann er keine weiteren Schlüsse ziehen als den, daß man den Herrn weggeschafft hat.
Ganz anders ist die Erfahrung des anderen Jüngers, von dem das Johannesevangelium sagt, daß ihn Jesus liebte. Die Liebe, die Jesus und diesen Jünger verbindet, wandelt ihn um: »Er sah und glaubte« — das ist etwas ganz anderes. Das Sehen der zusammengefalteten Leinentücher langt ihm, um alles Sinnlose der letzten Tage zu überwinden. Er findet am leeren Grab zum Glauben an den Auferstandenen. Er ist sich seines Glaubens sicher: »Der Herr lebt«. Das zeigt sich auch bei späteren Begegnungen mit dem Auferstandenen. Immer wieder ist er es, der den anderen beteuert: »Es ist der Herr!« Seine Liebe überwindet alle Hoffnungslosigkeit, alle Unsicherheit. Die Frage, ob andere den Leichnam weggebracht hätten, stellt sich ihm gar nicht. Mit einem Mal wurde ihm die gesamte Botschaft Jesu vom Leben klare Wirlichkeit: Es kann gar keine andere Möglichkeit geben als die, daß der Herr lebt, daß er »den Tempel seines Leibes« wieder aufgerichtet hat und nicht im Moder des Todes zu finden ist.
Mir wird hier etwas deutlich: Während unsere Fantasie nur Bilder erwecken kann, erschafft die Liebe das Leben. Gott, der die Liebe ist, kann nicht in der Ferne, nicht im Tode

bleiben. Er zeigt sich immer wieder. Dem Liebenden begegnet er, wenn auch Hoffnungslosigkeit, Trauer und Sinnlosigkeit den Blick verschleiern. Für die Liebe gibt es kein Grab. Kein Felsen bleibt verschlossen für die Liebe. Liebe sucht immer nach Begegnung, nicht nach Festhalten- oder Besitzenwollen, nicht nach Definierbarkeit der Dogmen. Liebe ist unbegrenzt, unvermutet. Liebe ist Leben, Dynamik, die der Tod nicht auslöschen kann.

Damit ist uns eine Hoffnung geschenkt, eine Zuversicht, die alles überwinden kann, was Menschen fesselt. Suchen wir diese Liebe Gottes, tragen wir sie weiter in die Welt, dann wird die Neuschöpfung der Erde Wirklichkeit. Denn alles Vergängliche wird dann bedeutungslos, tot; alles, was wir festhalten zu müssen glauben, wird grundlos, bodenlos, weil eine viel größere Wesenheit wahr wird: Die Liebe ist unzerstörbar, die Begegnung mit ihr ist der einzige Maßstab für Werte, für Freiheit, für das Neue.

Diese Botschaft muß die Ketten zersprengen, muß stärker sein als der Felsen vor dem Grab, stärker als alle Energie der Atome; diese Liebe schafft in uns den neuen Menschen, für den es kein Sterben mehr gibt, weil lebenschaffende Liebe ihn erfüllt hat.

»Selig, die nicht sehen und doch glauben«

Ansprache

Thomas hat einen schlimmen Beinamen bekommen: »Der Zweifler«. Was hat er denn getan? Ihm vor Augen steht noch immer die Situation des Karfreitags. Alles, woran er vorher glaubte, ist zerstört worden. Sicher behaupten die Frauen, der Herr sei auferstanden. Das aber tut er als »Weibergeschwätz« ab. Schlimm genug, daß seine Freunde darauf hereinfallen und nun auch erzählen, sie hätten den Herrn gesehen. Da ist er viel zu vernünftig, um nochmals auf einen solchen Schwindel hereinzufallen.

Ich glaube nicht, daß Jesus ihn deswegen rügt, wenn er ihm sagt: »Weil du mich gesehen hast, glaubst du. Selig, die nicht sehen und doch glauben!« Eher in eine andere Richtung geht der Hinweis: Das Sehen des Johannes, des Jüngers, der Jesus besonders zugetan war, nimmt die Schleier des Ungewissen, der Angst. Es führt zum Glauben an Jesus. Für Johannes wird das Wort des Petrus mit neuem Leben gefüllt: »Du allein hast Worte ewigen Lebens«.

Hier aber steht einer, der sich diesem »Sehen« bewußt versperrt. Er will objektive Klarheit finden, Beweise, denen er »glauben« kann. Thomas ist ein Bild des heutigen Menschen, dem Glauben nur schwer zugängig ist. So ist er ein Mensch, mit dem sich mancher von uns identifizieren kann in derselben Hoffnung, doch endlich einmal die »greifbare Nähe Gottes« zu erfahren. Er spricht den Wunsch aus, den viele von uns nur denken, aus Angst, zu den hoffnungslosen Zweiflern abgestempelt zu werden.

Und Christus schenkt ihm diese Klarheit. Er zeigt sich ihm, offenbart sich ihm in der Art, die für Thomas »begreifbar« ist. Darin sehe ich die Wahrheit bestätigt, daß keiner, der wirklich sucht, nicht eines Tages auch zur Klarheit finden kann. Jedem zeigt er sich, der sich ihm nicht versperrt. Darum ist auch die Einstufung in »gläubig«, »mehr gläubig« oder »weniger gläubig« sinnlos. Allein die Liebe zählt, aus der heraus unser Suchen geschieht.

»Selig sind die, die nicht sehen und doch glauben« — Wie wahr ist doch dieses Wort! Wie glücklich sind die Menschen, die zum Glauben gefunden haben, zum Bewußtsein, zu mehr als mathematischem Rechnen. Denn Glaube, der den Menschen erfüllt, ihn trägt, sein Leben bestimmt, schenkt Frieden, Freude, Hoffnung, Sinn, Seligkeit. — Doch Glaube ist Geschenk. Ich kann mich nur öffnen und muß doch lange warten bis er mich erfüllt. Ich kann mich bemühen bis plötzlich ein Damaskuserlebnis mein Leben verändert. Ich kann unterwegs sein und gehe jahrelang im Kreis. Entscheidend ist allein, daß ich mich nicht versperre, daß ich unterwegs bleibe, nicht aufgebe, meine Liebe nie erkalten lasse.

Dann wird auch mein »Begreifen« zum »Sehen« werden, mein Suchen Erfüllung finden. Christus will begegnen. Darum wird er, der alle Grenzen des Begreifbaren durchbricht, in der Unbegreiflichkeit wie in der täglichen Gewohnheit sein Gesicht jedem zeigen, der ihm in Liebe zugewandt ist.

»Kommt und eßt!«

Betrachtung

Manche unserer Arbeits- und Gesprächskreise in der Gemeinde planen von Zeit zu Zeit eine sog. »gesellige Veranstaltung«. Auch von Vereinen und Clubs kennen wir diese Abende. Mittelpunkt ist dabei ein gemeinsames Essen. Ohne es jeweils wieder neu auszusprechen, weiß jeder, dieser gemeinsame Abend soll unsere Gemeinschaft stärken. Viele Hoffnungen sind daran geknüpft, daß es »wieder aufwärts« gehen möge, daß vielleicht manch neues Mitglied gewonnen werden könne, daß Unstimmigkeiten ausgeräumt würden.
Andererseits dienen die sonstigen Gesprächs- und Clubabende der Vertiefung von Sachinhalten, fachlichem Austausch oder der Reflexion von Aktivitäten. Warum also sind die Erwartungen in manchen Grillabend, in Sternwanderungen zu einem gemeinsamen Zielort, in Wochenenden oder derartige Veranstaltungen so mit Erwartungen erfüllt?
Vielleicht liegt dahinter die Überzeugung, daß beim Essen nicht so leicht gestritten werden kann, daß der gemeinsame Genuß einer Mahlzeit die Sinne füreinander weckt. Vielleicht liegt dahinter auch die alte Überlieferung, daß der mir nicht mit dem Schwert begegnet, mit dem ich mein Brot geteilt habe.
In unserem Kulturkreis geht es sicher nicht mehr darum, sich einmal »richtig satt« essen zu wollen; das können wir zu Hause tun. Also können die Erwartungen auch keine elementaren Lebenserwartungen sein. Vielmehr muß die Hoffnung mit dem Mahl verbunden sein, daß schon vorhandene Möglichkeiten neu entdeckt und entfaltet werden.
Petrus und seine Freunde waren gemeinsam unterwegs bei ihrer alltäglichen beruflichen Tätigkeit. Sie hatten eine erfolglose Nacht hinter sich, in der sie nur wenige Fische fangen konnten. Die Stimmung war nicht gerade gut. In dieser Situation spricht sie der Fremde an und sagt — wider alle Vernunft — sie sollten die Netze auf der rechten Seite des Bootes auswerfen und würden Erfolg haben. Ohne Widerwort, ohne weitere Überlegung, tun sie das in ihrer Enttäuschung und haben Erfolg. Endlich an Land mit dem überaus großen Fang lädt sie der Fremde zum Essen ein, verteilt Brot und Fische an sie.

3. Sonntag der Osterzeit (Joh 21, 1-14)

Da brauchen Sie nicht mehr zu fragen: Wer bist Du eigentlich? Die Gewißheit erfüllt sie: Es ist der Herr. Er zeigt sich ihnen als der Lebendige, der Auferstandene. Wie oft haben sie mit ihm das Brot geteilt, wie gut verstanden sie dieses Zeichen des Brotbrechens! In diesem Mahl aber erkannten sie, das galt nicht mehr nur dem Stillen des Hungers. Hier bekamen sie Kraft für ihren weiteren Weg, für die Verkündigung der Botschaft ihres Herrn. Hier waren sie zusammen, um sich gegenseitig zu bestärken in ihrem Glauben, daß sie keiner Wahnidee nachgingen, sondern daß er lebe, daß es sich lohne, das Leben für ihn einzusetzen.
»Kommt und eßt!« Diese Einladung gilt auch uns immer wieder. Es ist die Einladung zum Mahl der Eucharistie. Es ist die Einladung zur Gemeinschaft untereinander und mit ihm. Sollten wir sie nicht erweitern? Sollten wir diese Einladung Jesu nicht auch auf unsere Mitmenschen übertragen? Ist darin nicht auch der Grund zum Mahl mit den Freunden im Kreis, im Verein, im Club zu sehen?
Ich meine, daß dadurch auch unsere Zeit einen neuen Aspekt findet. Es geht nicht um Gelage, nicht um üppige Festessen. Es geht darum, das, was Christus uns geschenkt hat, weiterzutragen, anzubieten, einladend zu schenken. Tragen aber unsere Mahlfeiern diesen Charakter? Sind sie einladend genug, so daß sie zur Stärkung aller werden?
»Kommt und eßt!« Lassen sie uns selbst zu dieser Einladung werden. Lassen Sie uns aber auch sehen, daß wir nicht uns anbieten, sondern das Brot des Auferstandenen, das er allen schenkt.

»Niemand kann sie aus der Hand meines Vaters reißen«

Einführung

Manche Gemeinden gestalten jährlich einen Tag, an dem sie die Gemeindemitglieder zu einer Wanderung oder einem Gottesdienst außerhalb einladen. Dabei geht es nicht um eine »schöne Abwechslung«, sondern um das Feiern eines Festes; es geht um den Auszug aus der gewohnten Sicherheit des Alltags, den engen Mauern, hin zum Finden der ungewohnten Gemeinschaft, die ihren Angel- und Höhepunkt findet in der gemeinsamen Feier der Eucharistie.

Sieht man allerdings die politische Entwicklung der letzten Zeit, die wachsende Unsicherheit um den Bestand der Arbeitsplätze, dann ist man eher geneigt, stärkeren Halt am Gewohnten zu suchen, alte Sicherheit zu verteidigen. Denn jeder von uns hat immer wieder die Angst vor dem Ungewissen.

Die Jünger machen in den Tagen nach Ostern ähnliche Erfahrungen. Ihre Welt schien zerstört, die Hoffnung auf eine Zukunft begraben. Da begegnet ihnen der Auferstandene. In ihre Hoffnungslosigkeit tritt er ein als ein neuer Anfang. Er macht ihnen deutlich, daß kein Platz ist für Hoffnungslosigkeit, weil er die Dunkelheit des Todes überwunden hat. Seine Nähe, sein Leben, seine Wirklichkeit — das ist die Hoffnung, die sie leben läßt.

Betrachtung

In letzter Zeit sieht man wieder öfter Hirten mit ihrer Herde über das Land ziehen. Nur ein Hirte begleitet sie, unterstützt durch einen Hund. — Da wundert man sich, daß sie alle diesem Hirten folgen, daß er sich zutraut, so viele Tiere alleine zu beaufsichtigen und sicher zu führen. Da ist die Gefahr der Straße, auf der eines der Tiere von einem Auto erfaßt werden könnte, da lauern streunende Tiere, die die Herde mit der Tollwut anstecken könnten u.a.m.

In der Zeit Jesu war dieses Bild alltäglich. Die Hirten zogen mit ihren Herden weit durch das Land. Sie mußten die Tiere vor Wölfen schützen oder gegen räuberische Banden, die sie ihnen wegnehmen wollten.

4. Sonntag der Osterzeit (Joh 10, 27-30)

Die Juden verstehen darum den Vergleich Jesu auch gut. Seine Zusage, daß sie niemals verlorengehen werden und niemand sie aus seiner Hand reißen werde, deutet ihnen den Machtanspruch dieses Menschen. Ihnen wird klar, daß dies nur Gott versprechen kann, da kein Mensch unüberwindbar ist. Aber nicht genug: Jesus stellt die ihm Anvertrauten in die Hand seines Vaters, aus der sie niemand reißen kann. Der Gipfel ist der Schluß: »Ich und der Vater sind eins«.

Die Herausforderung wird spürbar. Entweder lebt der Glaube an den Vater oder aber er wendet sich nur dem Gesetz zu. Dieser Vater aber steht nun vor ihnen in der Gestalt des herumvagabundierenden Menschen Jesus. Nur ein Versprechen gibt er: Wer mir glaubt, wer mit folgt, wird niemals verlorengehen.

Wie steht es da mit unserem Glauben, mit unserem Vertrauen zu Jesus und seinem Wort? Hält uns mehr die Ungewißheit, da nichts besseres bekannt ist? Hält unseren Glauben nur die Gemeinschaft derer, die wie man selbst, hinterherlaufen? Jesu Forderung aber wird durch den Kontext seines Lebens und seiner sonstigen Worte deutlich: »Kehrt um und glaubt an das Evangelium«. — Damit ist eine totale Hinwendung zu ihm gemeint, keine teilweise Nachfolge, die ihre Sicherheit allein in den menschlich denkbaren Größen sucht. Seine Nachfolge heißt Aufbruch, Abwendung vom Liebgewordenen, von den »Götzen« Haus, Vaterland, Verein, Freundeskreis oder wie sie sonst bezeichnet werden. Nachfolge Jesu geht in das Ungewohnte, in die Freiheit über alle Grenzen und Gesetzmäßigkeiten der Menschen, der Welt, hinaus in die Wirklichkeit des Auferstandenen.

Und doch überfordert Jesus niemand. Sein Geleit ist jedem zugesprochen, der sich ihm zuwendet. Seine Liebe und Nähe gilt jedem als Einladung. Machen wir uns also auf. Gehen wir diesen Weg, den die Gemeinden durch ihren Aufbruch über die Pfarrgrenzen hinaus symbolisch zeigen wollen. Überlegen wir trotz aller Unsicherheit, was uns wirklich halten kann. Da ist nur das eine, das bleibt: Christus ist der Auferstandene, der durch alle Fesseln gegangen ist und sich als der Lebendige zeigt. Er allein ist Grund unserer Hoffnung, Grund unseres Lebens.

4. Sonntag der Osterzeit (Joh 10, 27-30)

Fürbitten

P: Herr, unser Gott, Du Grund der Hoffnung auf ein sinnvolles Leben trotz aller Mißstände: Wenn immer wir den Mut verlieren, nicht mehr wissen, warum wir uns für eine bessere Zukunft oder ein besseres Miteinander der Menschen einsetzen sollen, dann bist Du es, der uns durch den Hl. Geist ermutigt und uns ein Ziel weist. Darum bitten wir:

V: Schenke all denen Mut, die sich aus Angst vor dem Tod, vor der Gefahr eines Krieges oder aus Angst vor dem Leben in die Einsamkeit zurückziehen oder auf andere Fluchtwege begeben, die ihnen letztlich nur schaden.

A: Laß uns auf Dich vertrauen.

V: Laß uns den Sinn unseres Handelns erkennen, wenn wir in die Geschäftigkeit des Alltags ausweichen, weil wir zu oft meinen, alles sei sinnlos.

A: Laß uns auf Dich vertrauen.

V: Gib den Eltern und Erziehern stets neu die Kraft zum Gespräch mit den Kindern und Jugendlichen, das Taktgefühl für den Umgang mit ihnen und das rechte Wort, wenn sie als Freund und Helfer gebraucht werden.

A: Laß uns auf Dich vertrauen.

V: Schenk den Kindern und Jugendlichen Freude, das Gefühl der Geborgenheit, die Erfahrung angenommen zu sein, die Zeit und die Liebe der Eltern, damit sie durch solche guten Erfahrungen des menschlichen Miteinander Hoffnung und Zukunft finden.

A: Laß uns auf Dich vertrauen.

V: Laß uns in allem Suchen erkennen, daß es kein unwertes Leben gibt, keine Situation, die nicht auch einen guten Ausgang eröffnet, keine Zeit, in der Du nicht in unserer Nähe bist und uns führst.

A: Laß uns auf Dich vertrauen.

P: Denn Du, Herr, hat uns alles übergeben. Und doch hast Du Dich nicht einfach zurückgezogen und uns und die Welt dem »Schicksal« überlassen. Unsere Geschichte ist untrennbar mit Dir verbunden, der sich in Jesus Christus für immer der Welt geschenkt hat durch den Heiligen Geist. So begleite und leite uns, wenn wir mutlos werden und zeige uns immer wieder einen Anfang. Amen.

5. Sonntag der Osterzeit (Joh 13, 31-33a. 34-35)

»Liebet einander«

Einleitung (zum Muttertag)

Zum heutigen (morgigen) Muttertag möchte ich besonders Ihnen, liebe Mütter, herzlich gratulieren. Ich möchte Ihnen auch danken für all das, was in unserer Gemeinde geschieht, denn gerade Sie als Mütter nehmen durch den engen Kontakt mit Ihren Kindern am Gemeindeleben teil. Gewiß ist Ihre Aufgabe nicht immer leicht. Und ich glaube, sie wird auch von Ihren Ehemännern gesehen und begrüßt, auch wenn das nicht immer gesagt wird. Verzeihen Sie das bitte manchmal. Das Herz liegt eben nicht jedem Mann so auf der Zunge. Aber heute, meine Herren, denken Sie vielleicht mal an irgend etwas besonders Nettes! Und Ihr, liebe Kinder, ich glaube, die Mütter denken noch in einer Hinsicht wie vor tausend Jahren: es freut sie am meisten, wenn Ihr auch manchmal zeigt, daß Ihr Eure Mutti gerne habt.

Sie alle möchte ich heute bitten, diesen Muttertag auch im Gedanken an unsere Pfarrei, die große Pfarrfamilie, zu feiern. Es gibt gerade heute viele Menschen hier in der Gemeinde, die gerne fröhlich wären. Vergessen Sie auch nicht die.

Vielleicht können wir den Tag unter ein Wort von dem südamerikanischen Bischof Dom Helder Camara stellen, der sagte: »Es ist aufregend, wenn man versucht, das wahre Christentum — es gibt nur einen Christus, und er genügt uns! — zu leben und lebendig zu machen; es ist aufregend, wenn man versucht, das wahre Christentum, das Christentum von jeher, das durch unsere menschliche Schwachheit sehr oft vergessen und entstellt wurde, zu leben und lebendig zu machen.«

Herr Jesus Christus, Du bist vom Vater gekommen, um uns mit Dir und untereinander zu vereinigen.
Herr, erbarme Dich.
Du lehrst uns durch Dein Beispiel, unserer Kräfte und Fähigkeiten einzusetzen für die anderen.
Christus, erbarme Dich.
Du hast uns Deinen Beistand versprochen, denn ohne Dich können wir nichts tun.
Herr, erbarme Dich.

5. Sonntag der Osterzeit (Joh 13, 31-33a. 34-35)

Ansprache

Worte, die wir oft hören, treffen uns nicht mehr. Sie mögen zwar richtig sein, sie mögen uns meinen, trotzdem: sie gehen an uns vorbei. Aus dem Bereich der Erziehung kennen wir eine ganze Reihe solcher wirkungsloser Worte: Zieh Dich warm an! Halt Dich gerade! Rede nur, wenn Du gefragt bist! Sei doch nicht so empfindlich! Streng Dich in der Schule an! Paß auf! Sei höflich und grüße! — all diese Worte erscheinen uns oftmals tot, wirkungslos.
Wie oft haben wir gehört: »Liebet einander!« Wir wissen genau, daß es in unserer Welt sicher besser wäre, wenn es häufiger befolgt würde — und doch, ist es nicht recht leer geworden?
Scheinbar hat Berthold Brecht recht, wenn er das Wort Liebe für verschiedene Situationen setzt und dann meint, es sei wirkungslos, nicht zu leben. Er sagt:

»Man sagt mir: Iß und trink Du! Sei froh, daß Du hast!
Aber wie kann ich essen und trinken, wenn
Ich es dem Hungrigen entreiße, was ich esse, und
Mein Glas Wasser einem Verdurstenden fehlt?
Und doch esse und trinke ich.
Ich wäre auch gerne weise —
In den alten Büchern steht, was weise ist:
Sich aus dem Streit der Welt halten und die kurze
Zeit ohne Furcht verbringen.
Auch ohne Gewalt auskommen,
Böses mit Gutem vergelten,
Seine Wünsche nicht erfüllen, sondern vergessen
Gilt für weise.
Alles das kann ich nicht:
Wirklich ich lebe in finsteren Zeiten!«

Soweit das Zitat. Warum aber gebrauchen wir dennoch dieses Wort von der Liebe? — Geht es darum, einfach etwas zu sagen, zu reden, die Welt mit schönen Parolen zu bekleben? Oder ist es nicht doch ein Wort, das auch die Hoffnung ausdrückt, Hoffnung, daß der Mensch, dem ich es sage, sich wandle im Sinne des Wortes? Meinen wir nicht im Grunde, daß der Mensch ansprechbar sei, gar nicht von sich aus schlecht, daß er aufnehmen, daß er hören, daß er im Sinne

dieses Wortes von der Liebe leben könne? Wenn aber hören und im Sinne dieses Wortes leben, dann von welcher Erfahrung her?
Diese Fragen sind berechtigt. Eine Antwort könnte uns vielleicht der Kontext geben, aus dem heraus dieses Wort gesprochen wird. Da merken wir: Es begegnet uns nicht als Regieanweisung für besseres mitmenschliches Funktionieren. Es geht auch nicht um ein Sprichwort oder eine goldene Lebensregel. Das Wort hat eine ganz bestimmte Erfahrung zum Inhalt. Voraussetzung aber, daß dies Wort auch gehört, daß es lebendig ankommt und Leben erzeugt, ist die Wirklichkeit des von Jesu gelebten und zum Leben erweckten: »Wie-ich-euch-geliebt-habe«. Grund und Nährboden dieses Wortes von der Liebe ist das Erlebnis der Liebe Jesu Christi. Es geht dabei um ganz einfache Dinge: Der Mensch muß verstanden und durch die lebendige Liebe seiner Mitmenschen erfahren haben, daß das Leben und Sterben Jesu, sein Wohlwollen und Tun, seine innerste Ausrichtung, glückliches Leben schenkt. Er muß begriffen haben, daß sich ihm hier Lebensmöglichkeiten öffnen, nach denen er sich sehnt, die er aber aus sich heraus nicht finden kann, die ihm von manchen Menschen — auch von solchen, die ihm im Namen Jesu begegneten — verdeckt wurden. Dann muß er den Mut finden, sich auf das Wort Jesu als den einzigen Weg, die Wahrheit und den Sinn seines Lebens einzulassen. Er muß hier eine Grundlage gefunden und erfahren haben, daß es sinnvoll ist, von dieser Erfahrung her zu leben.
Wer Liebe tut, erfährt Gott. — Das ist die irrsinnigste Aussage, die das Christentum aufgestellt hat. Denn diese Aussage ist wahr. Aber weil sie wahr ist, wollen wir sie nicht wahrhaben. Wir wollen nicht lieben mit letzter Konsequenz, weil wir dann Gott erfahren — und uns vor ihm.
Doch, wir lieben. Wir tun sogar viel für andere. Wir helfen in Not, wir spenden, wir beten, wir segnen, wir sorgen für den Lebensunterhalt anderer und für uns, wir sorgen für Wohlstand — und für Waffen, weil wir einander helfen wollen.
Wir sprechen miteinander, weil wir trösten wollen, handeln wollen, weil wir Ursachen finden wollen, wo wir helfen können — und wo wir verletzen können.
Liebe — ist für uns nicht nur ein Wort: zu Hause erfahren

wir sie in der Familie — wir schaffen Glück und Streit. Und doch sagen wir, wir lieben. Wir sind Menschen, die immer wieder versagen, aber wir wollen Liebe tun. — Gewiß, sooft wir einem freundlichen Menschen begegnen, sind wir freundlich. Auch wenn uns einer »dumm daherkommt« bemühen wir uns, ein freundliches Wort zu finden. Wenn wir einmal versagt haben, entschuldigen wir uns — meist jedoch vor uns selbst.
In der Liebe erfahren wir Gott. In unserem Alltag sagt kaum jemand, daß er Gott erfahren hat. Es sagt auch kaum jemand, daß er sich neu erfahren hat. Wir haben da unseren Privatbereich. Den schützen wir, den versichern wir, daran lassen wir nur unsere engsten Freunde teilnehmen. Und doch gibt es Krach zu Hause, in der Familie, mit dem engsten Freund. — Warum? Vielleicht, weil wir zu wenig von Liebe gesprochen haben. Vielleicht waren wir im Gespräch so einig, daß wir genau wußten, wo wir aufhören mußten, damit es nicht zum Streit kam. Vielleicht haben wir aber auch Streit, Not, Unfrieden, weil wir zwar geredet, aber zu wenig von dem Göttlichen durchdrungen waren, vielleicht aber auch, weil wir die Tür zu unserem ganz Persönlichen, zu unserem Intimbereich, nicht ganz aufgemacht haben — vielleicht, weil wir niemals wirklich von uns erzählt haben und davon, daß wir eigentlich glauben, daß wir in der Liebe Gott erfahren; denn wir wissen es ja sicher, daß Gott die Liebe ist — aber von uns dürfen wir nicht zuviel reden, weil der andere uns ausnützen könnte.
Liebet einander! — das kann doch nichts anderes heißen, als das Erfahrene aus der Begeisterung der Erfahrung heraus weiterzugeben. Es kann nur bedeuten, die sinnerhellende und lebensvermittelnde Gestalt Jesu mit all ihrem Wollen und Tun für andere Menschen erfahrbar werden zu lassen, das Glück, das man selbst erfahren hat, anderen mitzuteilen, andere am eigenen Lebensweg teilhaben zu lassen. Es kann letztlich nur heißen, Jesus Christus und sein Anliegen in der Gemeinde lebendig zu machen und vielleicht die Möglichkeit, die Gemeinde als fortlebenden Christus ergreifen zu können.
Die Wirklichkeit ist oftmals geradezu eine Demonstration der Wirkungslosigkeit dieses Wortes von der Liebe, wie ich es vorher durch die Gegensätzlichkeit unseres Wollens und

5. Sonntag der Osterzeit (Joh 13, 31-33a. 34-35)

Tuns zeigen wollte. Aber kommt die Wirkungslosigkeit nicht daher, daß wir dies Wort auffassen als ethischen Imperativ wie alle anderen »Du-sollst!« und »Du-mußt«? Haben wir nicht den Grund dieses Imperativs, Jesus Christus, mit all seinem Wollen und Tun durch unsere Mitmenschen zu wenig erfahren, und wenn wir es erfahren haben, zu wenig angenommen? Haben wir nicht allzuoft zu oberflächlich angesetzt? Nicht zu wenig Bereitschaft zum Glauben, zur Hoffnung auf ein Ziel, das wir rein verstandesgemäß nur wenig erklären können, gehabt? Mir scheint die Wirkungslosigkeit hier begründet zu sein. Soll das Wort »Liebet einander!« lebendig werden, soll es treffen, verändern, müssen wir uns auf Jesus Christus und seine Liebe einlassen. Nur wenn wir den Mut finden, zu hoffen auf scheinbar Utopisches, auf die Neuschöpfung in Christi Geist, dann kann sich diese Utopie verändern in ein sinnvolles Miteinander von Menschen, die nicht ausgehen von einem »Du-sollst!«, »Du-mußt-etwas-ändern!«, nein, die davon ausgehen: »Ich will Leben schaffen, ich will glückliches Leben schaffen mit anderen Menschen, mit denen, die mir nahestehen — und dazu sollen weitere hinzukommen«.

»Jesus und die Zwölf«

Betrachtung

Wilhelm Weitling, ein deutscher Handwerksgeselle, wirkte im letzten Jahrhundert als Sozialrevolutionär in der Bundesrepublik Deutschland und in der Schweiz. Er publizierte eine Schrift, das »Evangelium der armen Sünder«. Darin ist Jesus als Befreier der Armen dargestellt. Ein Kapitel ist überschrieben: »Jesus reist mit sündigen Weibern und Mädchen herum und wird von ihnen unterstützt«. Wegen dieses eines Satzes kam Weitling auf Ersuchen des Züricher Kirchenrates für 10 Monate ins Gefängnis. Offenbar hatte dieser Satz, obwohl er sich faktisch auf den Bericht des Lukas stützen konnte, schockiert.

Der Schock rührte wohl daher, daß unser von der Tradition geprägtes Bild der Jesus-Gruppe dasjenige eines Männerbundes ist: »Jesus und die 12 Jünger« — so sagen wir, so wurde es in der Malerei dargestellt, so stellen wir uns das üblicherweise vor.

Das Evangelium zeigt uns ein anderes Bild: Es waren auch Frauen darunter! Eine gemischte Gruppe also, keineswegs auf den Männerbund der 12 Jünger beschränkt.

Stellen wir uns vor, diese Gruppe würde heute hier auftauchen: Was würde geschehen? Es sind lauter Männer, die keinem Verdienst nachgehen, die ihre Eltern, Frauen, Familien verlassen haben und jetzt — man denke: in Gesellschaft anderer Frauen! — die Städte und Dörfer durchwandern. Vielleicht würde man sie als Asoziale titulieren, ihnen Strafen androhen, was weiß ich. Sicher würde ihnen gesagt, daß sie sich schämen sollten, sich von den mitreisenden Frauen »aushalten« zu lassen.

Auch diese mitreisenden Frauen haben zum Teil ihre Familien und Ehemänner verlassen. Namentlich wird im Lukasevangelium Johanna genannt, »die Frau des Chusa, eines Beamten des Herodes«. Man denke: eine brave Beamtenfrau, die eines schönen Tages mit Jesus und seiner seltsamen Gruppe davonzieht durch die Städte und Dörfer Galiläas! Und mit ihr andere Frauen, »die von bösen Geistern und Krankheiten geheilt worden waren«, so Maria aus Magdala, Susanna »und viele andere, die mit ihrem Vermögen für sie sorgten«. Woher stammt ihr Vermögen? Doch wohl von

den Familien oder Ehemännern, die sie für eine Weile oder für immer verlassen hatten.
Und so etwas steht im Neuen Testament! So etwas wurde von Jesus zugelassen! Wir müssen hier festhalten: Die Lebensweise Jesu und seiner Gruppe war nicht unsere bürgerliche Lebensweise, die wir gern für optimal christlich halten.
Um uns die Situation noch ein wenig auszumalen: Man stelle sich nur einmal vor, zu was für Gerüchten und Verdächtigungen diese umherziehende Gesellschaft Anlaß gab. Wir pflegen in einem solchen Fall sehr rasch unsere Befürchtungen, aber auch unsere verdrängten Wünsche oder unseren heimlichen Neid in eine solche Gruppe zu projezieren. Das war damals sicher nicht anders.
Was tut eigentlich diese seltsame Jesu-Gruppe?
Sie begleitete Jesus durch die Städte und Dörfer Galiläas und war dabei, wenn er »das Evangelium von der Herrschaft Gottes verkündigte«. Sie waren dabei, diese Männer und Frauen, als erste Hörer und als erste Zeugen der ausgerufenen Herrschaft Gottes. Sie bezeugten mit ihrer Existenz die Befreiung durch Gott, die Jesus ankündigte. Die von ihren Krankheiten geheilten Frauen waren Zeugen der begreifenden Kraft des Christentums, der gelebten Gottesherrschaft: sie macht frei von Vorurteilen, frei von sozialen Unterschieden, frei von bisherigen Abhängigkeiten, frei zu neuen Experimenten gemeinsamen Lebens.
Daß das Evangelium auf die Frauen besonders hinweist, ist vielleicht bereits eine Korrektur der Tendenz, die die Jesus-Gruppe auf den Männerbund der Zwölf hat reduzieren wollen. Die mitgehenden und mitlebenden Frauen bezeugen nämlich mit ihrem Dabeisein den Befreiungseffekt der Herrschaft Gottes. Sie gehörten ja damals zum rechtlich und kirchlich benachteiligten Geschlecht. Im Gottesdienst der Synagoge durften Frauen nicht mitmachen, sie waren nicht gottesdienstfähig. Oder: nach jüdischem Recht konnte ein Mann seine Ehfrau ohne große Umstände entlassen, der Frau stand dasselbe Recht nicht zu.
Hier aber sind es auch die Frauen, die ihre Männer verlassen. Das einseitige Recht ist ersetzt durch das Gottesrecht, wonach jeder Mensch frei über sich bestimmen soll.
So ist die Existenz und das Leben der Jesus-Gruppe (man könnte geradezu von einer Art Jesus-Kommune sprechen)

ein sichtbares Zeichen dafür, daß Gottesrecht Menschenrecht bricht, daß Gottes Herrschaft die Herrschaftsverhältnisse der Menschen sprengt und verändert.
Frage an uns: Wie leben wir als einzelne und miteinander die befreiende Herrschaft Gottes? Ist auch unter uns etwas spürbar und befreiter, von offener Menschlichkeit, die weder auf die Vorurteile anderer hört noch solche produziert? Sind wir in der Lage, als Christen neue, freiere, menschlichere Formen des persönlichen und gemeinschaftlichen Lebens zu entwickeln? Mir scheint, das ist die Lebensfrage an jeden einzelnen von uns und die Lebensfrage an die Kirche!
Deutlich, was mit der Befreiung durch Christus gemeint ist, sagt uns das Bild von der Dämonenaustreibung etwas. Wir wissen nicht mehr genau, was darunter zu verstehen ist. Aber wir wissen, daß es sich um Menschen handelte, die »besessen« waren. Besessenheit ist das Wort für Zustände, in denen ein Mensch nicht frei über sich verfügen kann. Man denkt dabei in der Regel an Geisteskranke, Wahnideen, Süchte und Ähnliches. Allerdings scheint mir eine Einengung auf psychopathische Fälle zugleich eine Verharmlosung zu bedeuten. Vielleicht sind auch wir Normale besessen! Besessen von Denkgewohnheiten, von Lebensgewohnheiten, die wir unbesehen, ungeprüft von anderen übernehmen. Besessen vom Wunsch, nur ja nicht aufzufallen oder anzustoßen und es so zu machen wie die anderen. Besessen auch vom Wunsch, uns besser zu geben, als wir sind. — Das sind menschliche, sehr begreifliche Wünsche, aber im Licht der Herrschaft Gottes vielleicht doch Besessenheiten, wenn auch »normale« und so eben: Besessenheit der Normalität! Denn alle diese Wünsche haben mit Gottes Herrschaft, mit der Liebe, nichts zu tun.
Wenn wir eine Zukunft haben, dann nur, wenn Christus uns, die Kirche, auch von diesen normalen Besessenheiten befreit. Von der vorgelebten Befreiung in Galiläa führt eine gerade Linie zum Ostermorgen nach Jerusalem. Die Zeuginnen des predigenden und heilenden Jesus waren auch die ersten Zeuginnen des Auferstandenen am Ostermorgen, am leeren Grab. Sie machen uns sichtbar, wohin der Weg Jesu führt: von der Befreiung aus persönlichen, aus sozialen und auch aus religiösen Besessenheiten vorwärts in eine Freiheit, die lebendiger ist als Tod und Vernichtung.

7. Sonntag der Osterzeit (Apg 7, 55-60)

»Stefanus — eine Herausforderung«

Ansprache

Warum mußte Stefanus sterben? Man hatte ihm vorgeworfen, er habe Kritisches zum Tempelkult und zum mosaischen Gesetz gesagt und damit Moses und sogar Gott selbst kritisiert. Er habe das im Namen Jesu von Nazareth getan, im Namen eines Mannes, der als Aufrührer und Gotteslästerer bekannt sei und deshalb seine Strafe bekommen habe. Nein, so etwas ist nicht zu ertragen. Kritiker, die alles Heilige in Frage stellen, noch dazu unter Berufung auf einen gottlosen Verbrecher, gehören vor Gericht.
Stefanus verteidigt sich. Er erinnert an die vergangene Geschichte des Volkes Israel. Er erzählt die beiden Seiten dieser Geschichte. Die Geschichte Israels war die Geschichte Gottes mit den Menschen: Heilsgeschichte, eine Geschichte, in der Heil geschah, Heilung der Menschen durch Gott und in Gott. Die Geschichte Israels war aber auch Unheilsgeschichte, Geschichte des Abfalls der Menschen von Gott, Geschichte des Widerspruchs gegen Gott und darum Leidensgeschichte der Menschen.
Stefanus schimpft: Kritiker dieser Unheilsgeschichte haben nie Aufmerksamkeit gefunden. »Ihr Halsstarrigen und Unbeschnittenen an Herzen und Ohren, ihr widersteht immerfort dem Heiligen Geist, wie Eure Väter, so auch Ihr. Wen von den Propheten haben Eure Väter nicht verfolgt?« (Apg 7, 51-52) Das ist noch nicht alles.
Stefanus macht seinen Anklägern klar, daß Jesus, auf den er sich beruft und den sie hingerichtet haben, der von Gott erhöhte Herr der Geschichte ist. So ist sein Wort die Wahrheit. Solche Provokation mußte bestraft werden. »Sie schrien mit lauter Stimme, hielten sich die Ohren zu und stürmten auf ihn ein. Dann trieben sie ihn zur Stadt hinaus und steinigten ihn« (Apg 7, 57-58).
Behandeln wir unsere Kritiker besser? Erfahren wir unseren eigenen Widerspruch gegen Gottes Willen und vermögen wir in dem, was sie sagen, Christus, den Herrn der Geschichte, zu sehen? Schweigen wir sie tot oder nehmen wir ihre Herausforderung an?
Don Giovanni Franzoni: Benediktinerabt in Rom, der die Reichtümer und Rechtsstrukturen der Kirche zunehmend

als Skandal empfand, im Herbst 1973 auf sein kirchliches Amt verzichtete und mit seiner Gemeinde in eine Baracke an der Via Ostiense zog. Kirche der Armen wollen sie sein. Sie glauben, nur über ein sozialistisches Christentum den Willen Christi verwirklichen zu können: den Armen und Ausgebeuteten zu einer menschenwürdigen Existenz zu verhelfen und das Gottesreich ein Stückchen weiter zu realisieren.
Wilhelm Kempf: Bischof von Limburg. Er hatte die Kraft, die Sorge um das Heil der Menschen höher anzusetzen als die Achtung von Tabus (Zölibatsfrage) und den Respekt vor alten Gewohnheiten (Beteiligung der Laien). Dabei hat er nichts besonderes tun wollen, nur das, was sein Amt von ihm verlangt, allerdings so, daß ihm der Mensch näher stand als die Ordnung.
Suchen die Fragenden, wenn sie nach dem Sinn des Lebens fragen, Antworten der konkreten Kirche? Erwarten die Suchenden, wenn sie nach Möglichkeiten menschlicher Existenz in unserer gesellschaftlichen Welt suchen, Hilfe von der Christenheit, wie sie sich gegenwärtig darstellt? — Christentum und Kirche tragen immer auch Züge der Gottlosigkeit und Unmenschlichkeit an sich. Sie enttäuschen darum, stoßen ab, ihre Liebe endet bei der Kirchentüre, sie lassen nicht erkennen, was sie eigentlich vermitteln wollen. Es gibt darum viele Menschen, die nicht mehr die Kraft aufbringen, ihr Fragen nach Sinn und Suchen, nach Heil, auf Christen und Kirche zu richten. Verstehen wir ihr Fernbleiben als Protest?
Kritiker der Kirche gelten als unerwünscht, auch dann, wenn sie sich auf den Namen Jesus Christus berufen können. Sie verunsichern. Sie fallen in den Rücken. Sie gelten als die ewigen Nörgler, die immer nur das Schlechte sehen wollen.
Gesteinigt wird heute niemand mehr. Dazu sind wir zu human. Aber mancher Priester, der um seine Laiisierung gebeten hatte, erzählte, er habe in seinem Leben noch nie so viel Unmenschlichkeit erlebt wie damals. — Hätte er Stefanus heißen können?
An den Kritikern der Kirche entzündet sich Widerspruch, an sie knüpfen sich Hoffnungen.
Die Geschichte unserer Kirche, unserer Gemeinden oder unsere eigene Geschichte ist nie nur Heilsgeschichte. Immer

finden sich auch Spuren von Unheil, von Widerspruch gegen Gott, d.h. besonders von Verweigern gegenüber den Menschen. Kritiker haben darum auch immer ein bißchen Recht, wenn sie Fehlverhalten aufzeigen. Sie lösen bei uns die Frage aus, in welcher Weise wir — privat oder als Gemeinde — hinter dem Anspruch Jesu zurückbleiben. Wo findet sich in unserer Gemeinde dieser Widerspruch gegen Gott, die Verweigerung gegenüber den Menschen? — Die Frage verlangt nach einer Antwort.
Jesus wollte eine Kirche der Armen, eine Kirche der schöpferischen Jugend, eine Kirche für den Menschen. Solange wir das nicht sind, bleiben Menschen wie Stefanus für uns eine ständige Herausforderung.

Gebet

Oftmals kann ich es nicht ertragen, wie ein anderer begeistert erzählt. Ich werfe ihm Falschheit vor, Fanatismus, Großtuerei. Und dann komme ich mir ganz klein vor. — Am liebsten möchte ich mir die Jacke wiederholen, die ich bei »Saulus« ließ, bevor ich »Stefanus« steinigte. Die Worte sind manchmal sehr scharf, harte Brocken, grobe Stücke, die ich dem anderen an den Kopf werfe, damit er sie schlucke. — Herr, hole mich heraus aus meinem Käfig, zeige mir einen Weg, wie ich weiterkomme. Laß mich nicht im Kreis gehen: Ich will weiter! Ich will offener sein, neu beginnen in meinem Bemühen um andere. Hilf mir dabei, dann werden keine Steine mehr fliegen.

»Pfingsten = Firmung?«

Einleitung

Pfingsten! — Wenn immer wir dieses Wort hören, denken wir an Geist, an Kraft, an Sendung. An diesem Tag wird uns wieder in Erinnerung gerufen, daß wir eigentlich viel mehr tun sollten. Wir warten darauf, daß irgendetwas geschieht. Ein Wunder vielleicht, wie damals in Jerusalem. Irgendetwas, das alles umkrempelt. Eine neue Welt. Und nach Pfingsten sind wir dann fast enttäuscht, wenn doch alles beim Alten geblieben ist. Wir kehren an unsere Arbeitsplätze zurück und finden sie so vor, wie wir sie vor den Feiertagen verlassen haben. Nichts Außergewöhnliches hat sich ereignet.
Im heutigen Gottesdienst wollen wir uns besonders fragen, woran es liegt. Geschieht wirklich nichts? Nehmen wir es nicht mehr wahr? Was kann uns Pfingsten heute noch sagen?

Predigt-Skizze

»Die Firmung — ein Fest der christlichen Gemeinde — Pfingsten«

Ziel: Die Zuhörer sollen erkennen, daß die Firmung nicht nur Sache der Schüler und deren Eltern und Paten ist, sondern ein Fest der christlichen Gemeinde, zu der vom Hl. Geist erfüllte junge Menschen stoßen, die mitarbeiten können und wollen, die aber auch die Hilfe der Gemeinde benötigen für ein von Christus durchdrungenes Leben.

Aufbau

1) *Einführung*

    a: Die Situation der Gemeinde; oder
    b: eine konkrete Begebenheit (Geschichte) als »Aufhänger«

2) Hauptteil

- a: *In der Firmung stärkt Gott den Menschen durch den Hl. Geist.*
  - (1) Dies ist für uns schon fast zum Slogan geworden, an den wir in Wirklichkeit gar nicht glauben. Denn konsequent gedacht heißt das: Ich glaube daran, daß in diesen Kindern der Geist Gottes wirkt. Gott zeigt uns auch durch sie neue Wege. — Vielmehr tuen wir ihr Engagement, ihre Argumente als »Kindereien« ab.
  - (2) Glauben wir Erwachsenen noch daran, daß Gottes Geist in uns wirkt, daß wir ein »Tempel des Hl. Geistes« sind? — Müßte nicht unser persönliches Leben anders sein?
  - (3) Wenn unser Glaube aber so schwach ist, warum dann dieses Sakrament? Nur aus Tradition? — Das Vat. II. betont, daß zum Sakramentenempfang die gläubige Öffnung des Menschen gegenüber Gott wesentlich ist.

- b: *In der Firmung besiegeln wir Menschen die Entscheidung unserer Taufe:* Wir bekennen uns zu Jesus Christus und sind bereit, unser Leben nach ihm auszurichten.
  - (1) Wann ist der Mensch eigentlich zu einer Entscheidung fähig? — Das Firmalter ist ein Problem.
  - (2) Bei der Taufe wurde für uns entschieden, bei der Firmung fällt die eigentliche Entscheidung auch durch die Eltern. — Kann jemand zur Rechenschaft für etwas herangezogen werden, zu dem er sich nie entschieden hat? — Problem der »Abständigen« und der »sich sperrenden Jugend«.
  - (3) Bei der Hinführung zum Empfang des Firmsakramentes in der Form der Gemeindekatechese wird der Versuch gemacht, das Bewußtsein der Kinder für Inhalt und Form des Sakramentes zu wecken, eine »echte« Entscheidung anzustreben.

- c: *Durch die Firmung werden der Ortskirche neue Mitglieder zugeführt.*

- (1) Die Bereitschaft der Kinder zum Engagement innerhalb der Gemeinde ist da. Wir müssen es unterstützen und annehmen.
- (2) Da die Gefirmten noch Kinder sind, fällt es uns besonders schwer, in ihrem Tun das Wirken des Hl. Geistes zu sehen.
- (3) Die Gefirmten brauchen die Gemeinschaft der Glaubenden zur Stärkung ihres eigenen Glaubens.
- (4) Die Gefirmten brauchen das Gebet und das Beispiel des religiösen Lebens als Vorbild und Fürbitte für ihr eigenes Leben.

3) *Schluß*

a: Gott begegnet den Gemeinden am Tag der Firmung in besonderer Weise.
Pfingsten kann für uns Anfang sein — oder der Firmtag »unser Pfingstfest«.

b: Gott stärkt Menschen zum Zeugnis für ihn, die mit uns zusammenleben.

c: Aus dem Sakrament der Entscheidung eines mündigen Erwachsenen zur Nachfolge Christi ist oft ein Sakrament für Kinder geworden.

d: (1) Wir, die Gemeinde, haben daher doppelten Grund zum Dank an Gott, daß er uns nahe kommt, Dank aber auch an die, die bereit sind für das Zeugnis.

(2) Als Gemeinde sind wir aber auch gerufen, für die Firmlinge dazusein, sie in ihrer Bereitschaft anzunehmen und ihren Glauben durch unser Vorbild zu stärken.

e: In dieser Gemeinschaft mit Gott und untereinander sind wir Gemeinschaft Jesu Christi.

Fürbitten

Gott, Du hast uns gezeigt, daß Deine Worte wahr sind. Du willst Deine Kirche nicht alleine lassen. Du hast uns Deinen Geist gesandt, durch den Du unter uns lebst und mit uns für die Verwirklichung Deiner Frohbotschaft arbeitest. Aus diesem Vertrauen heraus lohnt es sich auch, Dich zu bitten:

— Zeig uns täglich deutlicher Deine Gegenwart, daß wir Dich erkennen und bereitwillig für Dich arbeiten.

— Laß ganz besonders alle die Deine Nähe erfahren, die verantwortlich in Deiner Kirche stehen, damit ihnen die Angst und die Zaghaftigkeit genommen wird, denn erst dann wird ihr Mühen frei und fruchtbar.
— Hilf den Bischöfen, daß sie das Walten Deines Geistes überall erkennen und nicht aus Angst etwas beschützen wollen, was doch lebendig und dynamisch sich erneuern kann zum Wohl aller Menschen.
— Hilf uns, daß wir unseren Auftrag und unsere besonderen Fähigkeiten besser erkennen und für Deine Kirche einsetzen, damit wir uns nicht von der Kirche versorgen lassen, sondern lebendig beim Aufbau mitgestalten.

Denn Du bist in jedem, der an Dich glaubt. Du lebst mitten unter uns. Dein Geisthauch weht dort, wo er will, und nicht dort, wo wir es gerne hätten, weil wir sicher gehen wollen. Du arbeitest nicht in Angst vor menschlicher Nachstellung, sondern in der Wahrheit. Stärke uns in diesem Glauben, und gib uns Mut, daß wir uns ebenso einsetzen und nicht ängstlich uns sorgen, was morgen sein wird. Amen.

»Dreifaltigkeitsfest«

Einführung

Oftmals beginnen wir den Gottesdienst »im Namen des Vaters, des Sohnes und des Hl. Geistes«. Auch mitten im Alltag ist diese Formel so oft gebraucht, daß sie fast »abgedroschen« wirkt.
Darum soll heute keine philosophische Überlegung über das Wesen Gott im Mittelpunkt stehen, sondern Gott, wie er sich in der Bibel offenbarte. Gott ist nicht ein allgemeiner Begriff, irgendein höheres Wesen, sondern der, der uns in Jesus Christus angesprochen hat und der in uns lebt und wirkt durch den Hl. Geist. Die Nähe dieses Gottes wünsche ich Ihnen, wenn ich Sie mit dem Gruß willkommen heiße, mit dem schon Paulus die christliche Gemeinde in Korinth begrüßte: Die Gnade unseres Herrn Jesus Christus, die Liebe Gottes des Vaters und die Gemeinschaft des Hl. Geistes sei mit Euch!

Ansprache

Das Thema »Dreifaltigkeit« kann man von verschiedenen Seiten angehen. Man könnte versuchen, einen philosophischen Hintergrund aufzuzeigen, einen möglichen Weg, um dieses große Geheimnis unserem Denken etwas näherzurücken.
Ich könnte das göttliche Wesen vergleichen mit:

a: der Möglichkeit, überhaupt denken zu können — den Vater — und Schöpfergott,
b: dem gedachten Begriff, den alle verstehen — Jesus, das lebendige Wort Gottes und
c: den Geist als den vermittelnden Teil des Denkens, durch den aus der Möglichkeit die Wirklichkeit wird.

Doch müssen wir hier beachten, daß kein Mensch bei einem solchen Bild stehenbleiben kann. Erst durch die Beziehung zu einem Du gewinnt alles Leben.
Und hier ist das Besondere Gottes anzusetzen: Nicht wir haben ihn erwählt, sondern er hat sich aus Liebe zu uns Menschen geneigt.

Beim Propheten Jesaja fand ich das Wort: »Ich habe dich bei deinem Namen gerufen; mein bist du« (43, 1). Gott ist uns so nahe, er kennt einen jeden von uns so sehr, daß er unseren Namen kennt und uns bei unserem Namen ruft. Jesus faßte dieses Verhältnis in dem Wort zusammen: »Ich kenne die Meinen« (Joh 10, 14). Es wäre sicher gut, wenn wir dies besonders in Stunden der Einsamkeit bedächten: Ich bin nicht vergessen. Einer kennt mich, weiß um mich, ruft mich, braucht mich, nimmt mich ernst. Immer gilt auch uns das Wort, das Martha zu ihrer Schwester sagte: »Maria, der Meister ist da und ruft dich« (Joh 11, 28).

Gott ruft den Menschen bei seinem Namen: das ist tröstlich zu wissen. Daß aber wir Christen unsererseits Gott bei seinem Namen nennen, ihn rufen können, ist das erstaunlichste Geschenk Gottes, der sich uns in Jesus Christus erschlossen, sich uns geoffenbart hat. Wir dürfen diesen Gott in dreifacher Weise bei seinem Namen nennen, und jedesmal trifft dieser Name auf eine Person, die sich uns zuneigt, in der der eine und wahre Gott sich rufen und anrufen läßt, so daß er sich uns liebend zuwendet. Wir erreichen diesen Gott, wenn wir beten: »Du unser Vater im Himmel«; wir treffen ihn, wenn wir sagen: »Du unser Herr Jesus Christus, Licht vom Lichte und zugleich unser Bruder«; wir stoßen in die Mitte Gottes, wenn wir rufen: »Gott, Heiliger Geist«. Auf drei Weisen, auf drei Wegen, in drei lebendigen und liebenden Personen rufen und erreichen wir den einen und einzigen Gott, der uns nahe ist, sich uns zuneigt und schenkt im dreifachen Strom einer Liebe, die wir nie verstehen werden, die mit wirklichen Händen nach uns greift: mit jenen Händen, die am Holz des Kreuzes für uns offen und ausgebreitet sind.

Dieses Geheimnis feiern wir heute am Tag der heiligsten Dreifaltigkeit. Und es ist doch darin die besondere Größe unseres Gottes sichtbar, daß er uns nicht wie Marionetten an der Leine hält und uns vorschreibt, was wir zu tun haben, sondern uns eine Freiheit schenkt, die ohne Grenzen ist, die wir manchmal gut nützen, oft aber auch mißbrauchen. Aber dennoch ist er in unserer Nähe, da er um unsere Schwächen weiß. Nur so haben wir die Möglichkeit, nicht zu verzweifeln, uns nicht selbst zu richten oder aufzugeben. Diese Wahrheit, daß Gott sich uns eröffnet, geoffenbart hat in Jesus Christus, läßt uns heute und jeden Tag staunend danken: »Gepriesen sei der dreieinige Gott: der Vater und sein eingeborener Sohn und der Heilige Geist: denn er hat uns sein Erbarmen geschenkt« — wie wir heute im Eröffnungsvers gebetet haben. Gerade in dieser Offenbarung liegt seine Absicht verborgen, sich uns mitzuteilen, uns in sein Vertrauen, in sein Leben und seine Liebe hineinzunehmen. Denn niemand teilt demjenigen sein Geheimnis mit, an dem ihm nichts gelegen ist. Nur der stellt sich mit Namen vor, der mit diesem Namen angeredet sein will.

Vielleicht begreifen wir, was das heißt: Gott hat sich uns geoffenbart, er hat sich uns mitgeteilt, er läßt sich von uns beim Namen nennen, wenn wir einmal an die Gottheiten der Heiden denken, die durch die Sehnsucht der Menschen geschaffen sind. Wenn ein gläubiger Japaner z. B. der Gottheit seine Verehrung erweisen will, geht er in die lautlose Stille eines Haines und bleibt vor einem Tempel stehen, den er »den leeren Schrein« nennt. Vor diesem »leeren Schrein« der Gottheit hängt ein gewaltiger Gong. Der Gläubige bringt den Gong zum Klingen, verneigt sich ehrfürchtig vor dem »leeren Schrein« und geht lautlos, wortlos wieder weg, so wie er gekommen ist. Diese Gottheit im »leeren Schrein« ist ohne Namen und ohne Gestalt, läßt sich weder nennen noch rufen.

Der Mensch, der auf sich selber angewiesen ist, steht letztlich immer vor dem leeren Schrein oder vor einem unpersönlichen »Wesen«, mag er es nun »Ur-sein« oder »unbewegten Beweger« oder »Ur-idee« nennen. Alles menschliche Suchen endet letztlich vor dem leeren Schrein oder vor dem unpersönlichen Sein, vor einem Gott der Philosophen, der eher einem Gedankenbild gleicht, der in unendlicher Ferne und Einsamkeit thront, der keinen Mund hat, mit dem er sprechen, und kein Herz hat, mit dem er lieben könnte.

Unser Gott aber, den wir bekennen, anbeten, preisen dürfen, ist der lebendige Gott, »der gesprochen hat durch die Propheten«; der Gott, der aus dem »unzugänglichen Licht« herausgetreten ist und sich zu uns Menschen hin auf den Weg machte, um zu suchen, was verloren war; der Gott, der sich in Jesus von Nazareth hörbar und sichtbar machte, so daß nun der Mensch seinen Gott suchen und finden kann, mit Namen nennen und ihn anrufen: »Du mein Gott, du

Gott meines Herzens«, ein Wunder und Geheimnis, aber eine Wahrheit, die sich erfahren läßt.

Fürbitten

Herr, unser Gott, allzu groß ist das Geheimnis Deiner göttlichen Natur. Wir kommen uns gerade beim Betrachten dieses Mysteriums so winzig klein vor. Doch blicken wir vertrauensvoll auf Dich, denn in Deinem Sohn hast Du uns geoffenbart, daß Du uns Menschen liebst und Deine Schöpfung annimmst. Dadurch allein können wir vor Dir bestehen und wagen, Dich zu bitten:

— Führe uns immer tiefer ein in das Geheimnis, das Du selber bist.
— Schenke uns gerade hier, wo wir keine Erklärung finden, einen tiefen Glauben an Dich.
— Zeig uns am Beispiel Deiner göttlichen Einheit, daß auch wir unser Ziel finden in einer menschlichen Einheit im Denken, Handeln und in der Verwirklichung unserer selbst.
— Laß uns aus Deiner göttlichen Vereinigung lernen, daß wir in einer Spannung leben, die uns entweder zur Einheit und Gemeinschaft untereinander und mit Dir führt oder zu dauerndem Zerwürfnis.

Denn Du, ewiger, dreifaltiger Gott, liebst uns und bist mit uns. Stärke uns durch die Gnade, die uns Jesus Christus vermittelt; schenke uns dauerhafte Liebe durch Deine Liebe und führe uns zusammen zur Gemeinschaft untereinander und mit Dir im Heiligen Geist. Amen.

2. Sonntag im Jahreskreis (Joh 2, 1-12)

»Jesus läßt keinen allein«

Betrachtung

Das Evangelium, das wir heute hörten, ist uns sehr vertraut. Wir haben es so oft gehört, daß wir schon die Pointe kennen: Jesus hilft auch hier. Es ist das erstemal, daß er dies in der Öffentlichkeit tut. Sehr geschickt, möchte man meinen. Auf diese Weise macht er sich schnell einige Freunde.
Man wird von ihm sagen: »Der ist in Ordnung, der macht wenigstens mit, mit dem kann man reden. Und seine Tricks sind schon gut«.
Hätte man damals schon fotografieren können, dann wäre bei den Hochzeitsfotos Jesus sicher mittendrin in der Gesellschaft gewesen. Ein Typ, der für Stimmung sorgen kann, ist immer geschätzt.
Hochzeitsfeiern der damaligen Zeit dauerten gewöhnlich eine Woche. Da kam es schon einmal vor, daß eine solche Panne geschehen konnte, wie hier berichtet.
Aber ob Jesus das nur getan hat, um den Leuten aus der Not zu helfen?
Sicher ist damit auch ein Zeichen verbunden.
Christus wandelt Wasser in Wein. Und dieser Wein reicht für alle. Die Freude der Hochzeitsfeier wird nicht getrübt. Es kann weitergefeiert werden.
Wasser ist ein Grundelement unserer Erde. Alles in unserer Welt besteht aus einer bestimmten Anzahl von Wasserstoffteilchen. Auch wir Menschen. Die Erde ist so wunderbar, wenn genügend Wasser vorhanden ist.
Ohne Wein sind die Feste fad. Die gute Stimmung fehlt. Gerade an Festen merken wir deutlich, was der Wein alles erreicht. Da werden manchmal aus sturen Typen ganz passable, fröhliche Leute. Da werden Freundschaften geknüpft, Liebe blüht auf. Da werden manche »fast törricht vor Liebe und Glück«. Aber nach ein paar Jahren erkennen die Liebenden gegenseitig ihre Grenzen, ihre Eigenheiten. Der Wein ist stark verdünnt oder wieder zu Wasser geworden. Manchmal schmeckt dann das Lieben wie schales, abgestandenes Wasser.
Jesu Geschenk an das Brautpaar ist ein Zeichen für uns: Alles ist Wasser, bis es von Jesus in guten Wein verwandelt wird, der Freude bereitet bis zum Ende der Feier.

2. Sonntag im Jahreskreis (Joh 2, 1-12)

Jesus kann aus uns Menschen machen, die Freude haben und die anderen zur Freude werden.
Freilich: Der Koch tadelt den Gastgeber: »Du hast den guten Wein bis jetzt zurückgehalten«. Liegt darin nicht ein gewisser Trost? Wir kommen uns oft noch sehr am Anfang vor. Wir fühlen uns unsicher, unreif, manchmal ganz winzig, wenn wir gerade wieder versagt haben. Aber da steht in der letzten hoffnungslosen Minute Jesus und hilft. »Gib nicht auf!« scheint er zu sagen. »Ich helfe Dir schon«.
Wir sind zwar noch beim Wasserschöpfen, manchmal sogar nur mit einem Sieb. Aber Jesus ist in der Nähe. Und wenn wir dann sagen, es geht nicht mehr, wenn wir ihn um seine Hilfe bitten, wird er sie gewähren.
Diese Hoffnung bietet uns die Botschaft vom heutigen Sonntag. Die Hoffnung nämlich, daß unser Bemühen nicht umsonst ist. Daß Christus einen Platz in unserem Leben einnimmt. Die Hoffnung, daß er seine Hand über unsere Krüge hält und uns hilft.
Das könnten Sie in die kommende Woche mitnehmen: Wenn Sie nach Hause kommen und sind so richtig geschafft; wenn Sie am liebsten alles hinwerfen möchten: wenn Sie keinen Ausweg mehr sehen, dann denken Sie daran, daß einer in Ihrer Nähe ist, der darauf wartet, daß Sie sich ihm anvertrauen.
Er läßt Sie bestimmt nicht allein.

»Liebe sieht tiefer als das Auge«

Ansprache

Vor einiger Zeit konnten wir in den Zeitungen einen Bericht verfolgen, demzufolge eine Familie schwer verunglückte. Was war vorausgegangen? — Das Auto der Familie war in einer Werkstatt zur Inspektion gewesen, die der Autobesitzer öfter aufsuchte. Er vertraute dem Betrieb und setzte sich auch an jenem Tag ans Steuer, ohne zuvor nachzuprüfen, ob alle Mängel behoben seien. Der Mechaniker aber hatte eine für ihn schwere Nachricht erhalten und war gleich nach dem Anruf weggegangen. Ein anderer führte die Arbeit zu Ende. Bei seiner Rückkehr in den Betrieb konnte der erste Mechaniker sich erinnern, die Räder des Wagens noch nicht ganz festgezogen zu haben. — Fieberhaft wurde nach dem Fahrer gesucht, der sich irgendwo in Deutschland auf einer Wochenendfahrt befand. Fahndungsrufe des ADAC hörte er nicht. — Und da geschah es: In einer Kurve löste sich ein Rad und der völlig überraschte Fahrer fand nicht mehr die Möglichkeit, etwas dagegen zu unternehmen; er überschlug sich. Er und seine Frau mußten mit schweren Verletzungen in ein Krankenhaus gebracht werden.

Tun wir nicht oftmals genau dasselbe? Wir kennen den Partner und vertrauen ihm. Solches Vertrauen ist großartig! Aber immer wieder kommt es auch zu nichtgewolltem Versagen.

Ganz anders geht es uns oft bei der Lektüre der Bibel. »Stimmt das wirklich?« fragen wir uns. Diese Prüfung ist berechtigt und notwendig. Nicht immer aber müssen wir den Wahrheitsgehalt selbst nachprüfen. Wir müssen uns auch auf die Glaubwürdigkeit des anderen verlassen können.

Der Verfasser des Lukasevangeliums wehrt diese Frage nicht ab, er beantwortet sie: soweit dies menschenmöglich ist, soweit also der kritische Verstand eingesetzt werden kann, so weit ist er zu seinem Recht gekommen. Dem Nachprüfbaren wurde nachgegangen. Mit seiner Autorität bürgt der Verfasser für die Richtigkeit, für die Gewähr des Überlieferten. Freilich will er kein Protokoll der Geschehnisse bieten — dem Orientalen liegt so etwas gar nicht — ihm geht es um die Bedeutung, den Sinn des Vorgefallenen. Ist das darum weniger wahr?

Nehmen wir einmal an, ein berühmter Maler habe ein Bild von seiner Frau gemalt. Dieses Bild stellt die Frau in einem langen blauen Kleid, mit einer weißen Handtasche und einer gesteckten Hochfrisur dar. Einige Jahre später finden Wissenschaftler Fotos von jener Frau. Die Wissenschaftler vergleichen nun das Bild mit dem Foto und stellen fest, daß beide nicht übereinstimmen.

Bei Nachforschungen finden sie heraus, daß diese Frau niemals ein blaues Kleid und auch keine weiße Handtasche getragen hat. Außerdem hat sie ihr Haar immer offen und nie hochgesteckt getragen. — Lügt also das gemalte Bild? Gibt ein Foto die Frau wirklichkeitsgetreuer wieder als das Gemälde? — Man möchte sagen: Ja. — Aber bei näherer Betrachtung wird man mit seinem Urteil vorsichtiger werden. Was sagt mehr über jene Frau aus, was sagt mir besser, wie jene Frau war: Das Foto oder das Bild des liebenden Ehemannes? — Die Frau hat nie ein blaues Kleid besessen, aber gerade die blaue Farbe, mit der der Künstler sie gemalt hat, bringt so richtig das Wesen zum Ausdruck. Das Foto zeigt originalgetreu, wie jene Frau ausgesehen hat; das Bild verwendet ein Kleid, das viel mehr über das eigentliche Wesen dieser Frau aussagen kann. Wer etwas über ihre Art erfahren will, wer wissen will, was für eine Frau das war, der wird zum Bild, nicht zum Foto greifen müssen.

Ähnlich können wir es auch bei unserer Frage nach der Wahrhaftigkeit der biblischen Berichte erkennen. Eine Gegenüberstellung von westlichem und östlichem Denken mag das erläutern. Max Zerwick sagt: »Der westliche Mensch ist versessen auf Tatsächlichkeit, und das bis zur Vernachlässigung des Sinnes. Der östliche Mensch ist versessen auf den Sinn, und das bis zur Vernachlässigung der geschichtlichen Tatsächlichkeit... Dem westlichen Menschen ist Wahrheit in ihrer vordringlichen Bedeutung geschichtliche Wahrheit. Für den östlichen Menschen ist Wahrheit in ihrer vordringlichsten Bedeutung Sinn, Bedeutungswahrheit. Für den westlichen Menschen ist das Ideal der Wahrheit ein Film der Ereignisse und eine Tonbandaufnahme der Worte. Für den östlichen Menschen ist das Ideal eine tiefsinnige Geschichte«.

3. Sonntag im Jahreskreis (Lk 1, 1-4; 4, 14-21)

Die Evangelien sind keine historischen Berichte in unsrem Sinn. Es gibt keine Filmaufnahmen oder Tonbänder, die uns eine originale Dokumentation liefern könnten. Die Apostel verfaßten kein Protokoll über die Taten Jesu, und es gab keine Schreiber, die seine Worte mitstenographierten. Die Evangelien sind in erster Linie Predigten, die den Glauben an Jesus wecken wollen. Sie wollen sagen: »Dieser Jesus ist der Messias, der Sohn Gottes«.

Als Menschen, die glaubend und liebend Jesus nachfolgten, können sie uns mehr über ihn sagen als Filmkameras und Tonbänder. Die Liebe sieht tiefer als das Auge. Daß Jesus der Gesandte Gottes ist, läßt sich nur im Glauben bekennen. Seine Gottheit läßt sich nicht auf Filmstreifen bannen.

Um die Wahrheit des Evangeliums zu verstehen, muß ich mich selbst verlassen, und mich ganz auf diese Botschaft verlassen. Wo ich diesen Weg gehe, werde ich entdecken: auf diese Worte kann ich mich verlassen! Hier kommt der Mensch zur Sprache: der Mensch in seinen Nöten, in seinen Wünschen und Ängsten, der Mensch in seiner Bestimmung. Wer sich auf die Schrift einläßt, wird sich selbst nicht entfremdet, im Gegenteil, er kommt sich immer näher, er wird er selbst, wird frei, weil ihn diese Geschichten mit Jesus ernst nehmen, ihm Wege aufzeigen, ihn annehmen und mit ihm gehen. Manchmal klingt es wie eine schöne Illusion, z.B. das Gleichnis vom barmherzigen Vater; es mutet an manchen Stellen an wie aus einer anderen Welt kommend, z.B. die Kindheitsgeschichten; unausdenkbar werden schließlich die Berichte von Kreuzigung, Auferstehung und Himmelfahrt.

Und doch ist das alles Realität. Jedoch werden nicht nur die Außenseiten der Dinge, Menschen und Erfahrungen berichtet, sondern ihr ganzes Wesen, so wie es in Erscheinung getreten ist damals im Gottmenschen Jesus Christus.

Wenn wir uns also wieder der Lektüre der Bibel zuwenden — und das möchte ich uns allen sehr wünschen, — dann werden wir verstehen: Für die Richtigkeit bürgt der Verfasser in dem, was er äußerlich berichtet; für die Richtigkeit des Ganzen aber bürgt der Inhalt selbst in Verbindung mit dem vertrauenden und glaubenden Ja des Lesers, der in diesen Texten das Brot findet, das er zum Leben braucht.

3. Sonntag im Jahreskreis (Lk 1, 1-4; 4, 14-21)

Gebet

Wie oft sind die Augen geblendet! Die Größe und Persönlichkeit eines anderen führen dazu, daß wir die Augen niederschlagen, schließen, uns nur dem Bild überlassen, das wir vom anderen haben. — Und wenn dieses Bild nun falsch ist? Hat unser »Gemälde« alles eingefangen, was am anderen wichtig ist? — Herr, schenke uns Deine Liebe, eine Liebe, die sich nicht vor dem anderen verschließt. Führe uns weiter in den Möglichkeiten achtungsvoller Begegnungen, liebevoller Öffnung für die Nöte und Ängste. Laß uns nicht Bilder lieben oder verachten. Schenke uns mehr Herz, mehr Liebe, daß wir Menschen sehen, die mit uns auf dem Weg sind zu Dir. Amen.

»Ich bin mit Dir«

Einführung

Um 645 vor Chr. wurde Jeremias in einer Priesterfamilie geboren, deren Sitz nahe von Jerusalem war. Von seinem Leben und seiner Lebensart wissen wir mehr als von irgendeinem anderen Propheten. Auskunft darüber geben die biographischen Berichte in der dritten Person, die in sein Buch eingestreut sind, und die autobiographischen Abschnitte in Prosa oder in Versen, die man »Konfessionen Jeremias« genannt hat.

Schon im Jahre 626 v. Chr., also im Alter von etwa 18-20 Jahren, wurde er von Gott zum Propheten berufen. König Jeseijas, der zu dieser Zeit regierte, strebte religiöse Reformen an, die dem Volk Hoffnung zu besserem Leben gaben. Doch durch den Tod des Königs im Jahre 609 bei Megeddo und den Aufstieg des babylonischen Weltreiches nach dem Fall des Stadtstaates Ninive 612 wurden diese Hoffnungen zunichte.

597 belagerte Nebukadnezar Jerusalem und deportierte einen Teil seiner Einwohner, 587 eroberte er die Stadt, äscherte den Tempel ein und nahm eine zweite Deportation vor.

In dieser Zeit der Bedrängnis predigte Jeremias, sagte den Untergang voraus und warnte umsonst die unfähigen Könige, die sich auf dem Thron Davids ablösten; er wurde der Zersetzung angeklagt, verfolgt und eingekerkert. Nach der Eroberung Jerusalems blieb Jeremias in Palästina bei Gedalja, dem von den Babyloniern ernannten Statthalter. Als dieser ermordet wurde, floh eine Gruppe von Juden aus Furcht vor Vergeltungsmaßnahmen nach Ägypten und nahm Jeremias mit. Wahrscheinlich ist er dort gestorben.

Ansprache

Bei Propheten denken wir oft an einen großen über den Normalmenschen stehenden Mann, der in der Nähe von Hellsehern und Wahrsagern angesiedelt wird. Propheten tun sich schwer in der Gesellschaft, in der sie leben, weil sie eine Botschaft haben, auf die hin der Mensch sein Leben ändern müßte. Sie schrecken auf, drohen, weisen zurecht, gehen nicht konform mit der Meinung der anderen.

Wie aber sahen die Menschen aus, die Propheten waren und eine wichtige Botschaft Gottes für ihr Volk hatten? Waren es Menschen, die von ihrer Botschaft so überzeugt waren, daß ihnen nichts Menschliches mehr etwas anhaben konnte?

Das Leben Jeremias erhält seine Dramatik nicht nur durch die Ereignisse seiner Zeit, sie liegt auch im Propheten selbst begründet. Er besaß eine feinfühlige Natur, die zu einem Leben in Liebe und Stille drängte, und er wurde gesandt, »um auszurotten und niederzureißen, um zu verderben und zu zerstören«, (1, 10); er mußte vor allem Unheil voraussagen. Er sehnte sich nach Frieden und mußte allzeit kämpfen gegen die Seinen, die Könige, die Priester, die falschen Propheten, das ganze Volk. Er wurde von seiner Sendung zerrissen und konnte sich ihr doch nicht entreißen (20, 9). In seinen inneren Dialogen mit Gott bricht sich die Qual seines Herzens Bahn: »Warum bohrt mein Schmerz ohne Unterlaß?« (15, 18) oder jenes erschütternde Wort (20, 14): »Verflucht sei der Tag, an dem ich geboren«.

Diese Leiden aber haben seine Seele geläutert und offen gemacht für das Leben mit Gott. Eine Religion der Innerlichkeit und des Herzens die er lebte, bevor er sie in der Verheißung des neuen Bundes aussprach (31, 31-34), das bringt ihn uns so liebenswert nahe.

Zeit seines Lebens ist Jeremias an seiner Sendung gescheitert; nach seinem Tod aber wuchs seine Gestalt unablässig an Größe. Durch seine Lehre von einem »Neuen Bund«, der auf die Religion des Herzens gegründet ist, wurde er der Vater des Judentums in seiner reinsten Ausprägung. In der Passion seines Lebens und seiner Unterwerfung unter den Dienst Gottes kommt schon das Bild Christi zum Vorschein.

Wir könnten nun hingehen und suchen, wo heute innerhalb oder außerhalb des Christentums Propheten leben. Wahrscheinlich gäbe es so viele Propheten wie Meinungen. Für die einen wären die modernen Dichter und Schriftsteller die Propheten unserer Zeit, für andere die Regisseure von bedeutenden Filmen, andere würden Dom Helder Camara oder ihren eigenen Bischof als Propheten ansehen. Vielleicht würde sich auch mancher selbst für einen Propheten halten.

Die Geschichte des Jeremia kann uns aber auch anderes sagen. Für viele Christen ist das »Licht des Glaubens« ausgegangen, und sie leben im Dunkel. Priester und Bischöfe sind davon nicht ausgeschlossen. Alle, Hirten und Gemeinde, müssen auch Zeiten der Dunkelheit annehmen.

Vielleicht haben wir Christen uns zu sehr an unser »Licht des Glaubens« gewöhnt und gemeint, daß das Dunkel nur dort ist, wo Menschen im »Dunkel des Heidentums« leben. Auf einmal merken wir, daß wir mit unserem Glauben, der immer halb Unglaube ist, auch in Dunkelheit geraten können.

Gibt es einen Ausweg? — Gewiß keinen, den wir uns selber machen. Zunächst mag es nur heißen: die Dunkelheit aushalten. Ob es sich lohnt? Zu Jeremias hat Jahwe gesagt: »Ich bin mit dir!«

5. Sonntag im Jahreskreis (Lk 5, 1-11)

»Sie waren erschrocken über den Fang«

Betrachtung

Von den alten Griechen sagt eine Überlieferung, daß sie Angst hatten, wenn ihnen nur Erfolg beschert war. Sie fürchteten, daß die Götter sie vernichten wollten.
In der heutigen Textstelle scheint dieses Denken ebenfalls grundliegend zu sein. Hätten sich die Jünger über den großen Fischfang nicht freuen können? Sie sollten Jesus dankbar sein für den guten Tip. Stattdessen sind sie erschrocken, und Petrus kleidet in Worte, was alle empfinden: »Geh fort von mir, Herr; ich bin ein Sünder!« Sie scheinen zu spüren, daß hinter diesem Erfolg wider alle Vernunft etwas anderes steht. Und Petrus hört die Antwort: »Fürchte Dich nicht! Von jetzt an wirst Du Menschen fangen«. Und weiter heißt es im Text: »dann verließen sie alles und folgten ihm«. — Der Auferstandene wird dieselben Jünger später wieder durch einen überaus reichen Fischfang überraschen, dem dann der Auftrag an Petrus folgt: »Weide meine Lämmer!«
Im Alltag ihres Berufes erleben die Jünger: Wer sich im Glauben auf Jesus einläßt, wird Unglaubliches erleben, wird grenzenlos beschenkt.
In den Jahren der Nachkriegszeit, des wirtschaftlichen Aufbaus, die man das »Wirtschaftswunder« nannte, sagten viele: »Das kann so nicht weitergehen; irgendwann folgt die Ernüchterung«. Ist es heute die Ernüchterung, wenn so viele Menschen in der Bundesrepublik Deutschland ohne Arbeit sind? Oder erleben wir diese Wende, weil wir erneut den »Turm von Babel« bauen wollten?
Ich denke, die Jünger können uns eine Lehre vermitteln durch ihr Verhalten: Die Größe des Menschen liegt in dem Bewußtsein, daß der Mensch den richtigen Umgang mit den Dingen lernt, das Besitzen ohne Vergessenheit, die Armut und Leere vor der Größe und Güte Gottes. Denn er schenkt immer wieder in grenzenloser Güte, zweckfrei, nur weil er es will, weil er die Menschen liebt. Und es ist auch heute unsere beste Antwort, wenn wir aus dem Inneren heraus sprechen: Ich habe, weil Du gibst. —

Gebet

Herr, manchmal erfüllt es mich mit Sorge, wenn »alles so glatt läuft«. Ich weiß dann nicht, ob ich mich freuen soll, oder ob »die Ruhe vor dem Sturm« mir etwas sagen will. Allein mein Vertrauen in Dich, in Deine grenzenlose und bedingungslose Liebe geben mir Halt und Zuversicht. Denn ich weiß, daß mich nichts anderes halten, mir keine Vernichtung drohen kann, wenn Du bei mir bist. Dafür danke ich Dir, Herr. Denn in Dir finde ich Geborgenheit, Ruhe und Frieden, um ausgeglichen meine Arbeit zu erledigen und anderen von Dir zu erzählen.

»Selig seid Ihr«

Ansprache

Kürzlich beobachtete ich ein kleines Mädchen, das umhersprang, tanzte, in die Hände klatschte und unter fröhlichem Lachen jedem von seiner neuen Puppe erzählte. Das Mädchen war glücklich und konnte sich so sehr über diese Puppe freuen.

Wer kennt nicht den Ausspruch »selige Kindertage«. Und liegt nicht in der »Seligkeit«, die uns Kinderaugen beim Auspacken von Geschenken (z. B. am Weihnachtsabend) spiegeln, die große Glückserfahrung, die wir Erwachsenen uns so oft wünschen? — Für Erwachsene »ziemt es sich nicht«, vor lauter Glück »wie toll« herumzuhüpfen. Das ist ein »Zeichen der Unreife«, sagt man. — Ist das eigentlich nicht schlimm? So haben wir gar nicht mehr die Möglichkeit, den Sinn des Begriffs »Seligkeit« wirklich zu erfassen. Vielleicht bleibt daher auch die sog. »Bergpredigt« Jesu ohne wirkliches Echo. Es reizt uns zu wenig, diese Seligkeit zu erfahren, die Jesus den Menschen zusagt, die sich zu seiner Botschaft bekehren und sie leben.

Wenn ich an das kleine Mädchen denke, das selig war mit seiner neuen Puppe, wenn ich mich an selbst erfahrene Stunden seligen Glücks in der Kindheit oder auch später erinnere, dann möchte ich mich schon mit dem auseinandersetzen, was Jesus sagt: »Selig seid ihr, wenn . . .« — aber da ist vieles von dem, was er sagt, so »verflixt schwer«. Vieles klingt wie die Umkehr all des Glücks, was uns sonst angepriesen wird. Es fällt mir eben schwer, wegen meines Glaubens aus der Freundesgruppe ausgeklammert oder von ihnen gar gehaßt zu werden. Soll ich da von Seligkeit sprechen? — Ist es denn ein Trost, wenn die wegen ihres Glaubens Verfolgten hören: »Selig seid ihr, wenn ihr jetzt weint, denn ihr werdet lachen«?

Es gehört sicher mehr dazu, diesen Jesus, seine Botschaft und seine Seligpreisungen zu verstehen und ihm zu glauben. Doch je öfter ich das NT lese, um so mehr geht mir auf, welche Freiheit demjenigen zuteil werden muß, der nach dieser Botschaft lebt. Und wenn ich das Leben eines Hl. Franz betrachte oder das der Mutter Teresa oder das Beispiel jener

Krankenschwester, die ihren Dienst aus dieser Gesinnung heraus an einem mir sehr lieben Menschen verrichtete — ja, dann spüre ich, daß »Seligkeit«, die Jesus meint, noch viel größer sein muß als die der kleinen glücklichen »Puppenmutti«.

Aber auch ich kann Spuren in meinem Leben finden, da ich ganz erfüllt war von Glück, obwohl ich doch nur einem »armen Tropf« weitergeholfen hatte. Oder warum war ich kürzlich so froh, nachdem mir ein Gesprächspartner nach einem stundenlangen Gespräch mitteilte: »Danke, Sie haben mir ein Stück weitergeholfen!«?

So möchte ich nur fragen, ob nicht immer dann, wenn wir uns mitteilen, zur Verfügung stellen, uns leer machen für die Fülle Gottes in einem Gebet, uns nicht so wichtig nehmen, ob uns nicht in solchen Augenblicken viel mehr geschenkt wurde: »Seligkeit«. Vielleicht nennen wir es heute auch nur mit anderen Begriffen. Aber mir wird deutlich: »Selig seid Ihr, wenn Ihr arm und leer seid vor Gott« — seine Güte und Fülle ist ohne Grenzen.

Gebet

Herr, Deine Güte reicht so weit die Himmel ziehn. Diese Wahrheit entdecke ich in meinem Leben immer wieder neu, wenn ich nicht selbst nur Mittelpunkt sein muß. Es gibt kein Ereignis, das mich aus Deiner Liebe holen könnte, keine Situation, die mich an Deiner Treue zweifeln lassen würde.

Herr, schenke mir immer wieder den Mut zur Armut vor Dir, damit ich Dich stets neu erfahre. Amen.

»Welchen Dank erwartet Ihr?«

Ansprache

Vor einiger Zeit habe ich einmal ein Fest für eine Gruppe gestaltet. Ich hatte sie selbst dazu eingeladen, und sie waren gerne dieser Ladung gefolgt. Das Fest war ein voller Erfolg, wie sich in manchen Plaudereien zeigt, wo mal wieder an diesen Abend erinnert wird, wie schön es da gewesen sei.

Aber damals habe ich mich geärgert. Nur ein Paar hatte beim Nachhausegehen noch einmal für die Einladung und das Fest gedankt. Die anderen waren recht spät — oder auch »früh« — singend, scherzend und schwatzend aus dem Haus gegangen. Sie hatten gar keine Zeit für große Dankesworte, weil sie in der Gruppe loszogen und sich gegenseitig nach Hause brachten.

Erst später aber war mir bewußt geworden, wie unsinnig meine Verärgerung war. Konnte es einen schöneren Dank geben als das spätere Echo, nicht nur aus der Reihe der Geladenen? Was hatte ich denn erwartet? Höflichkeitsfloskeln? Oder wollte ich mit dem Fest damals nicht nur ein neues Zeichen der Gemeinschaft schenken?

Und wenn ich den Text des heutigen Evangeliums lese, dann komme ich mir zunächst einmal recht »klein und erbärmlich« vor. »Wenn Ihr nur die liebt, die Euch lieben, welchen Dank wollt Ihr dafür erwarten? . . . Seid so barmherzig, wie es Euer Vater ist!«

Mich treffen diese Worte, weil ich auch damit gemeint bin. Ich bin noch kaum weiter als die Menschen, denen Jesus dies damals sagte. — Wie schwer fällt es doch, einem Menschen liebevoll zu begegnen, dessen Abneigung mir gegenüber zwischen uns steht! Wie schwer ist es andererseits, mehr als nur regelmäßigen Kontakt zu dem zu knüpfen, der mir aus irgendwelchen Gründen unsympathisch ist.

Ich glaube nicht, daß Jesus meint, wir sollten nun bewußt alle die suchen, die wir nicht leiden können. Eher meine ich, daß zwei Ausagen heute wichtig sind:

1. Selbstverständliche Dinge sollten wir nicht tun, um uns selbst groß herauszustellen.
2. Unser Handeln und Verhalten gegenüber anderen Menschen soll von der Grundhaltung Jesu geprägt sein.

Vielleicht braucht jeder von uns erst einmal die Erfahrung des »diese undankbaren Stoffel!«, damit auch das Erkennen folgt. Denn die meisten Einsichten finden wir im Kontakt mit anderen Menschen. Sicher ist die Umkehr der Erfahrung in Erkenntnis nicht immer ganz einfach. Aber die Erfahrung der viel größeren Freude, wenn z. B. eine Begegnung mit einem anderen wirklich nur um des anderen willen geschieht und nicht mit dem hinterlistigen Gedanken des »für sich vereinnahmen wollen« belastet ist, solche Erfahrungen lassen uns lernen, daß zweckfreies Tun wirkliches Tun ist, daß Barmherzigkeit Handeln mit Herz ist und nicht Almosenspenden, daß ich selbst gefragt bin und kein caritatives Werk. — »Welchen Dank erwartet ihr?« — das heißt nicht: »Na, ein bißchen könnte man ja schon erwarten!«

»Wovon das Herz voll ist, davon spricht der Mund«

Ansprache

»Kinder plaudern alles aus!« sagt ein Sprichwort. Ja, warum auch nicht? — Kinder sind wie ein Spiegel. Sie nehmen alles auf, was ihnen geboten wird. Sie sind nicht so berechnend wie Erwachsene. Sie lachen, ob es »angebracht« ist oder nicht, sie weinen, wenn sie so empfinden. — Natürlich, wenn sie »erwachsen« werden, bekommen sie die Fähigkeit der Unterscheidung zwischen »Gut und Böse«, zwischen »Echt und Unecht«. Ist es nicht schlimm, wenn wir so große Anstrengungen unternehmen und in der Erziehung die Fähigkeit zur Falschheit ausbauen? — »Wovon das Herz voll ist, davon spricht der Mund«. Das heutige Evangelium ist voller Bilder wie auch dies: »Es gibt keinen guten Baum, der schlechte Früchte bringt«.

Wie ein Kind nur »echt« handeln kann, so kann auch ein Erwachsener letztlich nur sehr schwer »unecht« handeln. Seine Gesinnung ist im Handeln erkennbar. Besonders schlimm finde ich es, wenn man von einem Menschen sagt, »er hänge sein Fähnlein nach dem Wind«.

Die Bezeichnung »Person« drückt dagegen sehr viel aus. Die Abstammung kommt von dem lateinischen Wort »personare«, das man mit »hindurch-klingen« sicher am besten übersetzt. Wie schön, wenn durch einen Menschen das klingt, wovon er erfüllt ist! Welche Ausstrahlungskraft! Es kommt nicht von ungefähr, daß es in vielen Religionen den sog. »Heiligenschein« auf den Abbildungen des verehrten Menschen gibt. Dahinter steckt die Erfahrung, daß in der Begegnung mit ihm seine Wesensart klar erstrahlt. Vielleicht kennt man die Situation, in der man allein im Wohnraum eines verehrten Menschen weilt. Obwohl niemand da ist, hat man das Gefühl, dieser ganze Raum sei von der Ausstrahlung dieses Menschen erfüllt. Da kommt nicht das Gefühl der Langeweile auf, vielmehr spürt man eine Spannung, deren Höhepunkt und Lösung durch das Eintreten des anderen geschieht.

Jesus muß ein Mensch mit einer solchen Ausstrahlung gewesen sein. Denn wie ist es anders zu erklären, daß auf sein Wort hin »Komm!« Menschen alles verlassen und ihm fol-

gen. Wie sonst ist es erklärbar, daß er durch die wütende Menge schreitet, die ihn steinigen will, und niemand wagt es, ihm auch nur ein Haar zu krümmen. Welche andere Erklärung läßt sich für das Zurückweichen der Soldaten im Garten am Ölberg finden, als er ihnen sagt: »Ich bin es«.
Ich meine, daß jeder von uns diese Ausstrahlungskraft erreichen kann. Voraussetzung aber ist, daß wir uns bewußter auf das zurückbesinnen, was in uns lebt, wovon wir überzeugt und begeistert sind. Wir müssen die Larven vom Gesicht wegnehmen, Begeisterung zulassen und nicht sofort als Fanatismus abtun. Freilich meine ich damit nicht das in vielen Schlagern angepriesene Lächeln auf den Lippen, das alle Probleme lösen soll und doch nur Verdrängung ist. Aber das »In-sich-hineinhören«, das wirklich Betrachtende, zu dem wir uns mehr Zeit lassen sollten. Denn diese Zeit ist keine »verlorene« Zeit. Die Kraft, die wir in der Stille der Meditation und des Gebetes finden, indem wir auf das hören, was uns trägt, ist die Zeit einer Begegnung mit Gott. Lassen wir uns von ihm erfüllen, uns von seiner Liebe durchdringen, sein Wort uns durchtönen, dann werden wir zur wirklichen Person, zu einer ausstrahlenden Kraft. Dann erfüllt sich an und durch uns Jesu Wort: »Wovon das Herz voll ist, davon spricht der Mund«.

Fürbitten

Herr, unser Gott, Du erfüllst Himmel und Erde mit Deinem Geist. Du bist Anfang und Ziel allen Lebens.
Darum bitten wir:
Gib uns Zeit, daß wir Dich suchen, uns von Dir durchdringen lassen und Dein Wort verstehen.
Gib uns Ausdauer in unserem Bemühen um mehr Innerlichkeit, und laß die Geschäftigkeit nicht Ausrede bleiben.
Gib uns die Fülle Deines Geistes, damit wir nicht leere Phrasen dreschen, sondern Dein Wort durch unser Leben verkünden.
Denn Du allein bist die Wahrheit, die dem Leben Sinn und Halt gibt, die Freude schenkt ohne Falsch. Begleite und führe uns. Amen.

»Nicht einmal in Israel habe ich einen solchen Glauben gefunden«

Betrachtung

Die sog. »Jungen Kirchen« in Asien, Afrika und Lateinamerika blühen in den letzten Jahren auf und bringen eine Fülle von neuen Ideen, neuen Formeln der Pastoral und des Gemeindelebens, daß keine Bischofssynode unbeeinflußt bleibt. Der Glaube in dieser Welt, der so vielfältigen Angriffen ausgesetzt ist, ist trotzdem so stark, daß das Christentum dort wächst.

Im »christlichen Abendland« gehören die meisten Menschen schon seit Geburt zu der Glaubensgemeinschaft der Kirche. Sicher ist diese Selbstverständlichkeit in den letzten Jahren rückläufig. Es gibt mehr ungetaufte Kinder; Jugendliche und Erwachsene erklären ihren Austritt aus der Kirche. Daneben aber steigt auch die Zahl der Kinder und Erwachsenen, die im späteren Alter um die Taufe bitten und sich dem Katechumenat unterziehen. Das »christliche Abendland« scheint in einer Krise, in einer Neuorientierung, im Umbruch. Jedoch läßt sich noch nicht klar erkennen, wohin der Weg führt. Mir scheint, daß der Liberalismus der letzten Jahrzehnte nicht nur Freiheit gebracht hat. Das Denken »Mich geht's ja nichts an!« ist eine äußerst schlimme Erscheinungsform.

Als Jesus den Glauben des »heidnischen« Hauptmanns von Kapharnaum sah und den Juden beispielhaft vorstellte, wuchs die Empörung gegen ihn. Wenn uns die Tatsache des wachsenden Glaubens in der dritten Welt vorgestellt wird, nehmen wir dies mit Achselzucken gleichgültig hin. — Glauben wir etwa, dies seien nur die späten Früchte der Missionsarbeit vergangener Epochen? Sehen wir dies als selbstverständliche Tatsache, die so kommen mußte? Führt dies wirklich nicht mehr zum Hinterfragen unseres eigenen Glaubens?

Ich meine, daß im Letzten »christlich glauben« nur bedeuten kann, daß ich von der leidenschaftlichen Liebe Jesu Christi zu den Menschen geprägt bin. In dieser Liebe spiegelt sich der Wille Gottes, das, was er mit den Menschen vorhat, daß sie ihm »Herzensangelegenheit« sind: Gott liegt etwas am Heil des Menschen. Darum muß auch uns etwas an den Menschen liegen, die Nöte der Menschen müssen uns betreffen, ihr Leiden ist unser Leiden. Erst dann werden wir wirklich in der Nachfolge Jesu stehen, wenn wir ihn durch uns immer wieder neu leben und lieben lassen.

Und wenn vom Glaubensschwund der Christen im »christlichen Abendland« gesprochen wird, dann ist das ein Skandal. Ein noch größerer Skandal aber ist es, wenn uns dies nicht mehr betroffen macht. Denn dann wird deutlich, daß wir »im eigenen Saft schmoren«, es uns nur um unser eigenes Heil geht, die Leidenschaft Gottes aber kennt keine Grenzen. Wie können wir sagen, Gott sei mit uns, wenn wir uns nicht infizieren lassen von ihm: Liebe, Glaube, Hoffnung, das sind keine Begriffe, das bedeutet grenzenloses Tun aus der Leidenschaft, die auch dem Kreuz nicht aus dem Weg geht.

Wenn unser tätiger Glaube nicht mehr ansteckt, nicht mehr rufen läßt: »Seht, wie sie einander lieben!«, dann ist er tot, nur automatisches Lippenbekenntnis.

Bemühen wir uns also um Ehrlichkeit in unserem Umgang miteinander, um beispielhafte leidenschaftliche Liebe, die mitreißt, und besiegen wir die Gleichgültigkeit gegenüber anderen.

»Gott hat seinem Volk Gnade erwiesen«

Betrachtung

»Gnade« — ein leerer Begriff!
»Gott hat seinem Volk Gnade erwiesen« — das ist ein Märchen aus »1001 Nacht«. Es ist derselbe Gott, der es zuläßt, daß Menschen, die sich zu ihm bekennen, sich ganz für seine Botschaft einsetzen, eingekerkert, gefoltert, verfolgt und ermordet werden. — Gehören diese etwa nicht zu seinem Volk?
Eher ist man geneigt, Gott als »willkürlich« zu bezeichnen, einige wenige Auserlesene zu bevorzugen — die Kriterien der Auswahl sind sein Geheimnis.
Es gibt eine Reihe von Menschen, die behaupten, Gott spiele in ihrem Leben eine Rolle, er habe sich ihnen zugeneigt, er habe sie bis heute geführt. Ja, einige gehen sogar noch weiter; sie reden nicht viel von Gott, aber ihr Leben, ihr Handeln ist so ungewöhnlich, so anders als das der meisten von uns. — Und dadurch stellen sie uns infrage, verkündigen von dem, was sie bewegt und trägt; sie bringen Nähe ohne Vorleistung, Entgegenkommen ohne Abzuwarten, Zuneigung ohne das Gefühl des Angenommenseins erfahren zu haben.
Als Jesus dem Trauerzug in Nain begegnete, schenkte er, ohne daß man ihn um etwas bat. Seine Liebe war stärker als jede Etikette. Er hält den Zug an und reicht dem Toten die Hand: die Berührung mit Jesus schafft neues Leben, der Tod ist machtlos gegen sein Leben. In Jesus zeigt sich, daß Gott sich dem Menschen zuneigt. Selbst im Tod hört seine lebensspendende Kraft nicht auf. Verfallenes wird umgewandelt zum Leben. Dieses österliche Geschehen beginnt nicht erst bei der Auferweckung am Ostermorgen. Schon in den Jahren seiner Verkündigung zeigt er immer wieder: Gott neigt sich dem Menschen zu, dem, der physisch tot ist, dem, der sozial für tot erklärt wurde und aus der Gesellschaft ausgeschlossen, dem, der nur noch am Rande existiert, mit dem man keinen Kontakt sucht, der Dirne, dem Betrüger, dem Aussätzigen. In Gott findet jeder zum Leben, zu einer wirklichen Form der Freiheit. Aber nicht der Mensch ist es, der sich dies verdiente, sondern Gott schenkt,

weil er mitleiden kann, sich der Not der Menschen nicht verschließt, von sich aus auf den »menschlichen Leichenzug« hingeht.

Ja, Gott hat seinem Volk Gnade erwiesen und tut es immer wieder. Es geschah bei den Menschen, denen er sich während seiner irdischen Zeit zuneigte, bei denen, die durch seine Botschaft neues Leben spürten, ihr Leben umwandelten, bei denen, die noch heute einander zugetan sind und sich dadurch neue Möglichkeiten des Lebens schenken. Gott neigt sich dem Menschen zu. Er neigt sich durch Menschen dem Menschen zu.

Die Zuneigung Gottes, seine Gnade, wird spürbar, wenn wir füreinander eintreten, wenn wir »Christen« uns dem »Tod« zuwenden in jeder seiner Erscheinungsformen, ihn durch Liebe und Annahme überwinden. Wenn in unseren Gemeinden wirklich für jeden Menschen Platz ist, wenn wir uns mit denen solidarisieren, die mit dem sozialen Tod ringen, weil sie »mundtot« gemacht werden, uns auch nicht für die »zu schade« sind, »mit denen man keinen Umgang pflegt«. Jesus hat auf vielfältige Weise den Tod überwunden und uns mit hineingenommen, hat sich durch Menschen dem Menschen zugeneigt. — Dürfen wir ihn heute aus Angst totschweigen?

»Dein Glaube hat Dich gerettet«

Ansprache

In der Begegnung mit einem Sik, einem Anhänger dieser indischen Religionsgemeinschaft, ergab sich ein Gespräch, das ich sicher nicht vergessen werde. Auf meine Frage, wie der Sik heute über die Werte Liebe, Treue, Wahrhaftigkeit denke, die ja die tragenden Pfeiler dieser Religion ausmachen, bekam ich von dem jungen Mann eine Antwort, die mich sehr nachdenklich stimmte: »Wo sehen Sie denn die Schwierigkeit? Schauen Sie doch die Verstrickungen einer Lüge an. Wenn Sie einmal die Unwahrheit sagen, müssen Sie sich immer wieder bemühen, daß es ja keiner merkt. Sie leiden darunter. Und wie oft müssen Sie neue Lügen aufbringen, damit die erste nicht offenkundig wird. Also lohnt es sich nicht. Warum also sollte ich lügen?« — Der Mann, der mir das sagte, war vielleicht 16 Jahre alt!
Vielleicht ist man geneigt, diese Antwort als »jugendlich« abzutun. Im Geschäftsleben werde man mit derartigen Dingen nicht zustande kommen. — Eigentümlich ist nur, daß es fast keine armen Siks gibt, daß fast alle eine gute Schulbildung genossen haben, viele von ihnen große Geschäfte begleiten. Und in anderen Gesprächen mit erwachsenen Siks erfuhr ich, daß man auch heute noch sehr streng die Regeln beachte — das gelte in jedem menschlichen Bereich.
Wie viel Umschweife machen wir manchmal, wie üben wir uns in »diplomatischem« Sprechen, weil wir nicht die Unwahrheit sagen wollen, aber auch nicht die volle Wahrheit! Sollten wir uns nicht mehr an das 8. Gebot halten, die Wahrheit sagen und tun? Es stimmt eben, daß eine Lüge eine ganze Reihe neuer Lügen hinter sich herzieht, weil auch keiner von uns als »Lügner« entlarvt werden möchte. Dagegen kann ein offenes Wort schon manchmal weh tun, dem, der es sagt, ebenso wie dem, der es hört. Und doch klärt es und schafft auf Dauer eher eine Basis für echte Begegnungen.
Wie viele »psychische Krankheiten« entstehen erst durch die Verstrickungen von Schuld, Verleugnung, Verdrängung. Ich bin davon überzeugt, daß manches Sprechzimmer der Therapeuten nicht so voll wäre, wenn wir ehrlicher mitein-

ander umgingen, ehrlicher zu unserer Schuld, zu unserer Sünde stehen könnten, nicht so viele Masken trügen.
Wie befreiend ist es doch, wenn mir ein anderer sagt: »Komm, laß es uns vergessen! Ich habe Dir verziehen! Laß uns nochmal neu beginnen!« Wenn dieses befreiende Wort in einer Freundschaft, in einer Ehe, zwischen Eltern und Kindern fällt — schafft es nicht wirklich Glück?
Das heutige Evangelium zeigt mir eine Antwort: Jesus nimmt die Frau, von der jeder weiß, daß sie eine Sünderin ist, in diesem Kreis an. Er verniedlicht nicht ihre Schuld, sondern läßt sie »alles loswerden«. Erst dann, wenn sie das Gefühl hat, nun sei nichts Trennendes mehr zwischen ihr und Gott, spricht er die befreienden Worte zu ihr: Weil sie viel Liebe zeigt, sieht sie ihre Schuld. Aus dem Glauben an die Befreiung durch Jesus kam sie zu ihm, der ihr nun vergibt: »Deine Sünden sind Dir vergeben. ... Dein Glaube hat Dich gerettet. Geh in Frieden!«
Diesen Frieden können wir ebenso finden wie diese Frau. Christus ist da für uns wie damals für die Sünderin im Hause des Pharisäers Simon. Aber wir sollten uns immer wieder zu ihm aufmachen, mit dem Priester im Beichtgespräch unser Leben vor Gott stellen, uns öffnen und von ihm das lösende und befreiende Wort zusprechen lassen. Er kann es ja nicht aus eigener Kraft, sondern nur in der Beauftragung, die der nachösterliche Christus dem Petrus gab. Durch dieses Wort schenkt Gott uns Frieden, läßt uns neu den Anfang wagen, ohne daß wir eine neue Maske aufsetzen müßten.
Sehen wir doch mehr das großartige Geschenk, das Christus uns gemacht hat. Lösen wir uns aus den Ängsten vor dem Beichten. Wir werden ja nicht verurteilt, vielmehr dürfen wir uns »alles von der Seele reden« in dem guten Bewußtsein, daß Gott uns annimmt und sagt: »Dein Glaube hat Dich gerettet!«

Gebet

Es ist schwer, immer nur die Wahrheit zu sagen. Aber noch schwerer ist es, wenn wir unser Gesicht verlieren. Wie wollen wir vor den Menschen bestehen? Wie wollen wir uns Dir nähern ohne unser eigenes Gesicht? Herr, Du nimmst jeden an, der in Glaube und Vertrauen zu Dir kommt. Stärke in uns dieses Bewußtsein und öffne uns für einen neuen Anfang, der uns weiterführt auf dem Weg zu Dir, der Wahrheit und dem wirklichen Frieden. Denn nur so können wir leben. Amen.

»Für wen haltet Ihr mich?«

Ansprache

»Für wen hältst Du mich eigentlich?« Diese Frage wird meist in sehr scharfem Ton formuliert. Sie folgt, wenn man sich ganz an den Rand gedrängt fühlt.
Als Jesus die Frage an seine Jünger richtet, befindet er sich mit ihnen in der Einsamkeit im Gebet. Ihm geht es um radikale Klärung. Und doch ist die Antwort unbefriedigend. Die Menschen halten Jesus für irgendeinen Propheten, für einen großen Mann, letztlich aber für einen, ohne den man auch leben kann. Die Propheten vor ihm sind alle gestorben, und er wird vielleicht auch eine Schule gründen und als weiser Mann irgendwann sterben. — Wer kann es den Menschen verdenken?
Darum fragt er auch die Jünger: »Und Ihr, für wen haltet Ihr mich?« Die Antwort des Petrus faßt alles in Worte, was Menschen empfinden, die sich auf diesen eingelassen haben, ein Stück ihres Weges mit ihm gegangen sind: »Für den Messias Gottes«.

Viele von uns haben den Weg der Jünger schon eine ganze Weile beschritten. Wir bemühen uns im Religionsunterricht, im Gottesdienst, im Lesen kirchlicher Texte, im Mittun in der Gemeinde, auf vielerlei Arten um die Klärung der Frage, die sich auch jedem von uns stellt: »Für wen haltet Ihr mich?« — Und doch meinen wir, wir seien kein Stück weitergekommen. Sicher haben wir manchmal das Gefühl, irgendein Ereignis in unserem Leben habe uns mehr Klarheit geschenkt, dann aber fühlen wir uns wieder am Anfang.
Vielleicht sehen wir noch zu wenig die Chance, die sich uns in der Gemeinde, in den Gruppen, den Freundeskreisen bietet. Warum sonst sprechen wir so wenig über unseren Glauben, über das, was doch unser Leben entscheidend trägt? Warum meinen wir, wir müßten noch einmal die Philosophie der Jahrtausende durchdenken?
»Ich glaube, daß mir Gott heute begegnet ist!« — Was wäre, wenn einer Ihrer Freunde diese Aussage machte? Würde man sich nicht bemühen, das peinliche Gespräch noch irgendwie abzuwenden? — Und wenn er darauf besteht, muß

Ihr Freund damit rechnen, daß man ihm klarmacht, »daß er heute zuviel gearbeitet hat«.

Daß Religion Privatsache sei, wird von vielen bejaht. Andere haben einfach ein »komisches Gefühl«, wenn sie über ihren Glauben sprechen sollen. Und doch kenne ich die Erfahrung vieler Gesprächs- oder Bibelkreise, wo derartige Aussagen gemacht werden dürfen. Plötzlich entsteht dadurch eine so herzliche Atmosphäre, daß keiner der Teilnehmer noch Angst verspürt, auch über seine Erfahrung mit Gott zu sprechen. Und ich habe noch nie gehört, daß in einem solchen Kreis Überdruß aufkam, wenn die Frage auftaucht: »Was bedeutet mir eigentlich Gott?«

Ist die ehrliche Antwort, die Jesus von seinen Jüngern fordert, vielleicht auch für uns der beste Weg? — Sicher, es ist nicht leicht, wenn ich wie Petrus sage: »Du bist der Messias Gottes«, denn jedes Bekenntnis zieht die Frage hinter sich: »Und wie gehst Du damit um?« Darin sehe ich die Ursache für unser Ausweichen vor religiösen Gesprächen!

Aber sind wir nicht alle unterwegs, unfertig, immer wieder schwankend? Wir sollten mehr Mut aufbringen und miteinander das Gespräch auch um diese Fragen suchen. Gerade in Kreisen, wo wir einander nicht fremd sind, uns gegenseitig achten, könnten wir damit beginnen. Es bringt uns sicher weiter, wenn mir ein Freund sagt, wie er mit der Erfahrung Gottes in seinem Leben umzugehen versucht, wieviel Rückschläge er immer wieder einsteckt in seinem Bemühen um ein christlicheres Leben. Es würde uns helfen, miteinander — wie die Jünger — den Weg gemeinsam zu gehen und zu erkennen: Jesus Christus ist der Messias Gottes.

Fürbitten

Herr, unser Gott, Du zeigst Dich den Menschen immer wieder. Auf verschiedenen Wegen gibst Du Dich zu erkennen, machst Du Deine Nähe spürbar. Darum bitten wir:

Leite Du unser gemeinsames Bemühen um ein besseres Miteinander, damit wir zu Deinen Jüngern werden.

Gib uns Deinen Geist, damit wir nicht im Verborgenen suchen, sondern offen miteinander umgehen und uns stützen.

Laß uns das Erkannte umsetzen in Taten der Liebe, die sich an Deiner Liebe entzünden.

Denn Du, Herr, bist es, der uns immer wieder zusammenführt. Hilf uns, diese Mitte nicht stets zu verdecken, sondern laß uns zu Deinen Zeugen werden in unserem Leben. Amen.

»Willst Du, daß wir Feuer vom Himmel fallen lassen?«

Betrachtung

Wie gut kann ich die Jünger verstehen! Da haben sie den Glauben an Jesus Christus gerade kennengelernt, spüren die Kraft, die Berge versetzen könnte und ernten Mißerfolg. Darum wundert es mich nicht, wenn sie nun fragen: »Willst Du, daß wir Feuer vom Himmel fallen lassen?«
Sicher erging es Ihnen auch schon so, daß Sie sich ehrlich gemüht hatten, viel auf sich genommen, und das Ergebnis war niederschmetternd. Man wollte mit dem Holzhammer auf diese »sturen Köpfe« einschlagen, damit sie ernstlich verstanden, was ihnen entging. Mancher wird vielleicht schon eine Pfarrgemeinderatssitzung wütend verlassen haben, weil »das ja doch nur Schwätzer sind, mit denen man nicht arbeiten kann«.
In der Verkündigung geht es uns oft ähnlich, wenn schmissige Predigten nicht zünden, wenn die tollsten Angebote der Pfarrgemeinde von den Leuten nicht wahrgenommen werden oder nur ein paar wenige kommen. Man ist persönlich gekränkt.
Die Botschaft Jesu wirkt aus sich heraus! — Das soll keine »billige Entschuldigung« für persönliches Versagen sein. Vielmehr relativiert es den Anspruch: Ich habe nicht mich zu verkündigen, sondern Jesus Christus! — Da gilt die Frage, wie ich mich zur Verfügung stelle, ob ich »groß rauskommen« will oder auch schon das »Füße waschen« gelernt habe.
Die Jünger standen damals noch ganz am Anfang. Sie brachten nur sich mit und ihren Eifer für das Evangelium Jesu. Ihr Einsatz war vom Glauben erfüllt, daß noch zu ihren Lebzeiten Gottes Reich errichtet werde, das Reich Israel wieder erstarke, in dem sie eine wichtige Rolle einnehmen würden. Solcher anfanghafte Glauben mußte Ernüchterung finden, damit Gottes Botschaft Früchte bringen würde.
Oftmals verhalten wir uns ähnlich: Wir wollen als *die* Gemeinde, als *der* Pfarrgemeinderat oder die Frau X oder der Herr Y in ein ehrenvolles Licht treten. Aber mit dem Reich der Liebe Gottes, der leidenschaftlichen Liebe für die Men-

schen hat das nur wenig gemeinsam. Zwar sind die Worte dieselben, aber unser Handeln ist nicht vom Feuer der Liebe Gottes entzündet. Darum bleibt es unwirksam, und wir suchen wie die Jünger nach der Strafe für »die Bösen«, die uns nicht glauben.

Bemühen wir uns aber um die Tat der Liebe, die sich selbst zurückstellt, die den Menschen sucht, der uns braucht, dann werden wir Liebe spenden und Verkündigung der Botschaft erleben. Dieser Same geht auf, weil Gott in uns Mensch werden kann. Darin liegt das wirkliche Feuer, das nicht zerstört, sondern läutert. —

»Sagt den Leuten: Das Reich Gottes ist nahe«

Ansprache

In den letzten Jahrzehnten klagten die Menschen oft in der Bedrängnis, wie sie die Offenbarung des Johannes für die Endzeit voraussagt. Viele prophezeiten schon den Weltuntergang, verkauften ihre Habe und wollten sich ganz frei machen für das kommende Reich. Wenn wir in unseren Tagen im Umweltschmutz zu ersticken drohen, die Flüsse sterben, Atombomben in wenigen Augenblicken die Welt zu zerstören drohen, dann kommt es manchem vor, als stehe das Ende der Zeit bevor.

Jesus gab seinen Jüngern den Auftrag zur Verkündigung und stellte sein Grundanliegen an den Anfang: »Das Reich Gottes ist nahe!« — In diesen Worten ist an keinen zeitlich fixierbaren Termin gedacht. Wesentlich ist die Tatsache seiner Ankunft: Er, der Messias, ist gekommen. Und mit ihm nahm das Reich Gottes seinen Anfang. Er ist der »Pol der Welten«, die entscheidende Stunde. Mit der Entscheidung für oder gegen Jesus ereignet sich für jeden einzelnen Menschen der Eintritt in das Reich Gottes. Mit dieser Entscheidung wird für jeden von uns, wie auch für die Welt, Geschichte neu gestaltet. Hier wird deutlich, es geht um die innere Haltung des Menschen. In dem Maße, in dem wir uns zur Inkarnation Gottes in uns bereiten, wird Christus in der Welt Mensch. Dabei ist niemand mehr oder weniger wichtig. Allein die Verwirklichung seiner Liebe in den Menschen setzt Maßstäbe für die Neugestaltung der Welt.

Dabei ist es unwichtig, ob mit der »neuen Welt« eine Neuschöpfung des Kosmos gemeint ist oder die Verwandlung allen menschlichen Denkens und Handelns. Wichtig ist allein, daß Christus mehr und mehr Gestalt annimmt in Menschen, die nach seinem Beispiel leben. Das heißt, daß jeder Tod überwunden wird, jede Form von Außenseitertum, Unterdrückung und Macht ihre Umwandlung findet in der Macht der Liebe, die alles neu macht.

Es gibt ein Wort, nach dem die Liebe einen Menschen »schön« mache, auch wenn äußere Schönheit fehlt. In diesem Satz steckt sehr viel Wahrheit. Denn wie die Liebe Menschen zu unermeßlichen Leistungen führen und Undenkbares wahr werden lassen kann, so auch die Kraft der Liebe Gottes. Das haben immer wieder jene Menschen gezeigt, die aus Liebe heraus dem Ruf folgen und sich z.B. ganz der Pflege von Aussätzigen widmeten. Das zeigen Beispiele von Eltern, die aus der Liebe zu ihren Kindern ihr Leben opfern, damit alle einen Beruf finden. Das zeigen auch eine Mutter Teresa von Calcutta und viele Beispiele mehr.

»Sagt den Leuten: Das Reich Gottes ist nahe«, das ist keine Droh-Botschaft! Hier wird Gottes Plan mit dem Menschen Wirklichkeit. Um das Wohl aller geht es, um das Heil, das keinen ausklammert, das nicht im Materiellen liegt, sondern den Menschen seiner eigentlichen Bestimmung zuführt. Gott ist in die Welt gekommen, damit die Welt göttlich werde. Sein Reich ist das Geschenk, mit dem wir nicht rechnen können, das er uns aus Liebe macht.

»Geh hin und handle genauso«

Betrachtung

»Wer tut mir schon mal Gutes? Wenn ich nicht selbst für mich sorge, bin ich dumm dran!«
Eine Aussage, die uns immer wieder begegnet. Es ist dieselbe Aussage, die der Gesetzeslehrer in seine Frage kleidet: »Wer ist mein Nächster?«
Wir müßten uns das Gleichnis vom »barmherzigen Samariter« eigentlich immer wieder neu in unsere Alltagssprache übersetzen, um Jesu Wort zu verstehen: »Geh hin und handle genauso!« In diesen Worten wird die Lehre Jesu deutlich: Der Mann aus Samaria fragt nicht lange, er sieht die Not des anderen und hat Erbarmen.
Immer wieder werden wir in den Texten des NT zu dieser Gesinnung angeleitet. Unser Handeln, das der Liebe zum Menschen entspringt, ist das Umsetzen der Liebe Gottes, wie sie sich in Jesus gezeigt hat.
Das hat nichts mit Aktionismus zu tun, mit Aktionen, »damit mal wieder was läuft«. Hier wird nicht danach gefragt, ob der Mensch mir nahe steht, ob ich verpflichtet bin zur Hilfeleistung oder ob »etwas für mich dabei herausspringt«. Einzig die Liebe zählt. Die Liebe, die sich jedes Menschen erbarmt, der mir in diesem Augenblick begegnet. Jetzt ist nur dieser Mensch wichtig, nur diese Tat.
Das Beispiel ist so beschämend einfach. Beschämend, weil in unserem Alltag ständig diese Situation gegeben ist. Sei es der Klassenkamerad in der Bank neben Dir, der einfach nicht weiterkann; sei es das Mädchen, das in Ausweglosigkeit alleingelassen ist mit ihrem Kind; sei es der Gastarbeiter in Deinem Betrieb, dessen Kündigung viele Kollegen erwarten; sei es »auch nur« die Mutter, die sich freut, wenn Du sie mal wieder besuchst. Und Deine Frau, die schon lange auf ein Zeichen Deiner Liebe wartet, die Kinder, die sich schon so lange einen Tag mit der ganzen Familie wünschen.
»Geh hin und handle ebenso!« — das ist die Verwirklichung all unseres Predigens, das ist Inhalt auch des Pfarrfestes, das sich nicht nur am Gewinn orientiert.
Hier wird Hoffnung begründet, aus der man leben kann, Verzweiflung genommen, weil es anders geht, Heil ge-

schenkt, wo Verletzung war, dem Tod entrissen, weil Liebe Leben schafft.
Dies Wort ist so einfach und fällt uns doch immer wieder schwer. Wir machen uns nicht gerne die Finger schmutzig; für einen anderen aufkommen — was bringt mir das ein? Der Gesetzeslehrer wußte, worauf es ankommt. Vielleicht sollten wir mit ihm versuchen, dem Gesetz Inhalt zu verleihen.

»Nur eins ist notwendig«

Einführung

»Die Hetze des Berufs ist so schlimm, daß ich zu nichts anderem mehr komme!« — Manchmal gefallen wir uns sogar in dieser Hetze. Sie bewahrt einen vor dem Nachdenken, die Angst vor der Stille ist groß. Jeder weiß, daß er sich in der Stille finden und dann Leere empfinden könnte.
Herr, Du bist in unsere Zeit getreten.
Herr, erbarme Dich unser.
Du läßt Dich in der Stille finden.
Christus, erbarme Dich unser.
Du willst, daß wir durch Dich zu uns gelangen.
Herr, erbarme Dich unser.

Ansprache

Das Evangelium des heutigen Sonntags hat an seiner Aktualität nichts verloren. Die Hetze unseres Alltags — wir sagen heute »Streß« dazu — läßt uns oftmals nicht zu dem finden, was wir für richtig und wertvoll halten. Zu schnell sagen viele: »Ich habe keine Zeit«.
Eine andere extreme Form ist das sogenannte »Aussteigen« aus der Gesellschaft. Menschen, die der Hetze überdrüssig wurden, geben ihren Beruf auf, kaufen sich einen verlassenen Bauernhof und suchen in der Abgeschiedenheit Ruhe und Frieden. Aber auch das gelingt nur wenigen. Viele kehren nach einiger Zeit zurück und sehen sich plötzlich vor einem Scherbenhaufen. Nichts können sie mehr als sinnvoll sehen, ihre Stelle hat inzwischen ein anderer eingenommen, sie müssen am Nullpunkt anfangen.
Auf sehr schöne Art spricht schon das AT vom rechten Maß, von der rechten Zeit (Kohelet 3, 1-8):
> »Alles hat seine Stunde. Für jedes Geschehen unter dem Himmel gibt es eine bestimmte Zeit:
> eine Zeit zum Gebären/und eine Zeit zum Sterben,/und eine Zeit zum Abernten der Pflanzen,
> eine Zeit zum Töten/und eine Zeit zum Heilen,/eine Zeit zum Niederreißen/und eine Zeit zum Bauen,
> eine Zeit zum Weinen/eine Zeit für die Klage/und eine Zeit für den Tanz;

eine Zeit zum Steinewerfen/und eine Zeit zum Steinesammeln,/ eine Zeit zum Umarmen/und eine Zeit, die Umarmung zu lösen,
eine Zeit zum Suchen/und eine Zeit zum Verlieren,/die Zeit zum Behalten/und die Zeit zum Wegwerfen,
eine Zeit zum Zerreißen/und eine Zeit zum Zusammennähen,/eine Zeit zum Schweigen/und eine Zeit zum Reden,
eine Zeit zum Lieben/und eine Zeit zum Hassen,/eine Zeit für den Krieg/und eine Zeit für den Frieden.«

Hier wird in der Sprache des Alten Testaments zum Ausdruck gebracht, was Jesus in der Begegnung mit Maria und Marta verdeutlicht: Es gibt kein wertloses Tun, keine vergeudete Zeit. Aber an jedem einzelnen liegt es, die Schwerpunkte in der rechten Art zu setzen: Was ist wichtig? Ist es von großer Bedeutung, daß ich noch bis Mitternacht an der Buchführung sitze? Oder wäre ein Gespräch in der Familie oder ein Treffen mit Freunden nicht wertvoller? Laufe ich nicht einem Ziel in weiter Ferne nach, ohne den Weg zu kennen? — Jesus hat uns einen Weg gezeigt: Vor allen Dingen ist es wichtig, ihn zu hören, seine Botschaft an mich heranzulassen. Denn er ist der Weg zum Ziel, das Licht, das alle Dunkelheit des Lebens zerreißt, er ist die Wahrheit, die jede Bilanz übersteigt.

Wenn mancher von uns nach der Arbeit des Tages seine einzige Entspannung im Fernsehen und einer Flasche Bier findet, dann sollte das irgendwann Grund zum Nachdenken sein: Das kann doch nicht alles sein, was Dich hält! Wann hast Du zuletzt ein gutes Buch gelesen? Wann die Bibel? Wann hast Du Deine Not und Einsamkeit zuletzt im Gebet vor Gott getragen, bist vor ihm still geworden und hast auf seine Antwort gehört?

Sagen wir doch nicht, wir hätten »leider« keine Zeit für solche Dinge, die wir wohl als gut und richtig ansähen. Irgendwann wird es uns sehr schwerfallen, das Ungeübte wieder zu tun. — Ein Tag, der mit einer Besinnung beginnt, einem Gebet, der wird sicher ganz anders verlaufen als der Tag, den ich mit Stöhnen vor der zu erwartenden Arbeit beginne. Ein Erwachsener kann kein Kindergebet an den Anfang stellen, das er noch aus seinen Kindertagen her kennt. Denn Gott nimmt den Menschen ernst, wie er ist. Und wenn der

Tag mit Deiner Angst beginnt, die Du vor dieser Konferenz hast, dann trag sie vor Gott, bitte ihn um seinen Beistand. Er läßt keinen im Stich, der sich vertrauensvoll ihm zuwendet.

Sicher kennen Sie die lustige Filmserie über den guten »Don Camillo«. In witziger Art wird sein Gottvertrauen dargestellt, das oft ins Groteske geht. Aber es zeigt auch ein Stück einer tatsächlichen Wirlichkeit: Gott ist auch am Fließband neben Dir. Er begleitet Dich auch bei Deiner Arbeit im Büro. Darum ist nur eins wichtig: Öffne Dich für ihn und Dein Leben wird reicher, ausgefüllter und sinnvoller.

Maria und Marta, Personen unserer Zeit. Beiden begegnet Jesus. — Erkennen wir den rechten Augenblick, das, was wichtig ist?

Gebet

Herr, oftmals bin ich »am Ende«, ausgelaugt, einfach fertig. Mein Beruf, mein Leben — sie machen mir schon Spaß, aber sie fordern mich, daß ich manchmal nicht mehr kann. Herr, Du siehst mich, Du kennst mein Mühen, weißt um meine dunklen Stunden ebenso wie Du meine »Sternstunden« kennst. Gib mir Deinen Geist. Lehre mich, die Stille zu suchen, damit ich nicht am Leben vorbeihaste, an Dir, an meinen Mitmenschen, meinen übrigen Interessen und Talenten. Gib mir immer wieder Mut und Zeichen der Hoffnung, Zeichen Deiner Nähe in meinem Leben. Herr, sprich zu mir. Amen.

17. Sonntag im Jahreskreis (Lk 11, 1-13)

»Herr, lehre uns beten!«

Einleitung

Im Mittelpunkt unserer Überlegungen steht heute die Aufforderung Jesu: So sollt Ihr beten. Doch das Gebet ist mehr als alles andere in die Krise geraten; es wird der Sinn des Betens an sich hinterfragt und in Frage gestellt. Die Frage ist sicher berechtigt. Doch meine ich, man könnte sie auch umkehren:
Warum geben wir keine Antwort?
Gott bietet sich an, er ist einfach da, er ist in unserem Leben, ob wir ihn sehen, sehen wollen — oder ihm aus dem Weg gehen —.

Lasset uns beten:
Herr Jesus Christus, Du hast uns gelehrt, wie wir beten sollen. Wir bekennen vor Dir:
Wir nehmen uns kaum Zeit, auf Dich einzugehen, weil wir alles andere für wichtiger halten:
Herr, erbarme Dich.
Dabei wissen wir, daß wir ohne Gebet, ohne unsere Rückbesinnung auf Dich unseren Weg und unser Ziel verlieren können.
Christus, erbarme Dich.
Hilf uns, daß unser Leben zum Gebet wird, zum bleibenden Kontakt mit dem Unendlichen und dem Nächsten, mit Dir, unserem Herrn:
Herr, erbarme Dich.

Betrachtung

Ich kann nicht beten.
Ich bemühe mich um Worte, stammele vor mich hin. Doch es klingt mir selbst so albern, so kindisch, daß ich alles wie von einer Tafel wieder weglöschen möchte.
In Kindergebeten kann ich mich nicht finden. Das ist doch komisch, wenn ich mit 30 Jahren bete: »Ich bin klein, mein Herz ist rein...!« Nein, das ist Unsinn. Ich gebe auf.
Manchmal suche ich mir etwas in einem Buch, das meine Situation widerspiegelt. Manchmal finde ich ein Lied, das mir dann den ganzen Tag als Ohrwurm im Kopf klingt. Manch-

mal mache ich die Erfahrung, daß ich glücklich war in der letzten Frühlingssonne. Manchmal fand ich Ruhe, wenn ich eine Kirche besuchte, für ein paar Minuten alles Hinderliche draußen ließ und mich ganz offenhielt.
Ja, manchmal schon.
Herr, lehre mich beten!
Es geht mir ähnlich wie Deinen Jüngern.
Ich sehe Menschen, die scheinen das alles zu können, was ich nicht vermag. Die sind glücklich dran.
Aber ich?
Lasse ich mir zu wenig Zeit?
Mache ich zu schnell schlapp?
Gebe ich auf, weil mir die Gedanken um diese dumme Konferenz noch immer den Kopf zermartern?
Ich will!
Ich will!
Ich will!
Aber mit Gewalt klappt es schon gar nicht.
Laß mich doch die Ruhe finden, in der nur noch Du zu mir sprichst. Halte mich fest, wenn ich wieder aufspringen will, wenn es nicht geht.
Ja, ich will beten.
Ich will alles das mit hineinnehmen, was mich bewegt, Dir alles sagen, womit ich nicht fertig werde.
Wenn ich es doch nur könnte!
Bestimmt kannst Du mich verstehen.
Ich bitte doch um nichts anderes als die Leute, die Dich begleitet haben. Sie konnten es doch auch nicht.
Du, das macht mir Mut.
Ich merke, daß ich gar nicht der einzige bin, der so arm ist und Dich bittet: Herr, lehre mich beten!
Es tut mir gut, daß ich mir das alles mal von der Seele schreien konnte.
Ich fühle mich schon etwas leichter.
Vielleicht kann ich Dir irgendwann mehr sagen, mehr von mir erzählen.
Vielleicht lasse ich dann mal eine Pause, damit Du mir auch etwas sagen kannst.
Herr, ich glaube, das war schon so etwas wie ein Gebet.
Oder?

18. Sonntag im Jahreskreis (Lk 12, 13-21)

»Hütet euch vor aller Habsucht!«

Einführung

Jedem ist seine Aufgabe in der Welt gegeben. Ob wir sie erkennen und erfüllen, ob andere uns daran hindern, ob wir selbst eher uns und nicht die eigentliche Aufgabe sehen —. Gott hat uns in diese Welt gestellt, damit wir sie mit ihm gestalten.
Herr, die Aufgaben, die Du uns stellst, haben wir oftmals nur schlecht erfüllt.
Herr, erbarme Dich.
Wir gestalten die Welt zu oft nur nach unseren eigenen Vorstellungen.
Christus, erbarme Dich.
Dein Wort ist uns oft nicht der Weg, sondern unsere eigenen Worte kommen uns als wesentlicher vor.
Herr, erbarme Dich.

Ansprache

Ein großes Problem im Miteinander der Völker liegt in der ungerechten Besitzverteilung, durch die die armen Völker noch ärmer und die reichen noch reicher werden, berücksichtigt man das steigende Wachstum und die sonstigen gesellschaftspolitischen und wirtschaftlichen Faktoren. Dieselbe Ungerechtigkeit, die Tausende Not leiden läßt, während andere Völker ihre Ernte vernichten — damit die Preise gehalten werden —, spiegelt sich wider im Bildungsbereich. Weitere Punkte wären noch aufzuzählen, um den Teufelskreis der Not zu zeigen.
Gleich aber sind sich die Menschen aller Nationen in der Suche nach Besitz, Reichtum, Macht.
Jesus redet mit seinem Beispiel gegen Wände. Nichts hat sich verändert. Wegen 70 Mark wird ein Rentner niedergeschlagen, wegen relativ geringer Summen Menschen getötet. Zwar lautet eine Weisheit: »Geld allein macht nicht glücklich«, die »Ergänzung« wird von den meisten lächelnd bejaht: »aber es beruhigt enorm«.
Ganz entschieden wehrt sich Jesus dagegen, in diesen Fragen als Richter oder Schlichter angerufen zu werden. Im Gegenteil warnt er vor der übertriebenen Suche nach Gewinn,

18. Sonntag im Jahreskreis (Lk 12, 13-21)

vor der »Habsucht«. Was nützt es uns denn, mehr zu haben als das, was wir zum Leben notwendig brauchen? Es gibt doch keine Sicherheit. Was verspricht man sich denn davon, immer größere und teurere Autos zu erwerben, größere Häuser zu bauen? — Steigt damit nicht auch die Angst vor dem Verlust dieser Werte?

Wenn man etwas verliert, »ist man arm dran«. Man muß den Verlust wiederbeschaffen. Wenn einem etwas verlorengeht, das nicht so bedeutsam war, dann ist der Verlust auch viel schneller »verschmerzt«.

Hat Jesus nicht recht, wenn er uns warnt, das Herz an Dinge zu verlieren, die so leicht zerstörbar sind? Sinnvoll und wichtig dagegen ist doch nur ein Wert: das Leben. Garant für diesen unzerstörbaren Wert ist Gott, der in seiner Auferstehung den Tod besiegt hat, der selbst das Leben ist.

Wie schnell »verschleudern« wir manchmal unser Leben, geben uns Süchten und Genüssen hin, die Körper und Geist vernichten, legen uns engstirnig in Vorurteilen fest und versperren uns jeder besseren Einsicht. Ja, wir gehen so weit, Menschen besitzen zu wollen: *mein* Kind, *meine* Frau, *mein* Mann . . . Nein, kein Mensch *gehört* einem anderen. Der andere kann nur seine Liebe, seine Treue schenken, aber niemals sich selbst. Ebensowenig kann man sich des anderen bemächtigen. Im Inneren bleibt der andere er selbst. Ja, es führt zur Verachtung, stellt ein Mensch Forderungen an den anderen nach »Rechten«, die ihm z. B. durch den Ehebund gegeben seien.

Wir wissen es besser. Und doch werden in jedem Jahr Hunderte von Kindern mißhandelt, »weil ich bestimme, was *mein* Kind macht.« Jedes Jahr gibt es mehr Frauenhäuser, in die geschlagene und von ihren Ehepartnern vergewaltigte Frauen einziehen: Wie gebrochen sind sie oft, welche Mühe bedarf es, sie wieder sie selbst werden zu lassen!

Menschen, wie z. B. Franz v. Assisi, haben zu allen Zeiten unserer Geschichte gute Beispiele geliefert, welche Freiheit, welche Größe, welche Persönlichkeit sich entwickelt, wenn nichts Bindendes da ist an irgendein materielles Gut. Sind uns diese Menschen nicht vielleicht aus diesem Grund Beispiele, die uns viel bedeuten?

Jesus geht in seiner Forderung gar nicht so weit. Er warnt uns vor der Habsucht, die den Menschen von seinem eige-

nen Wesen entfremdet; er hat sich neue Götter geschaffen, die sein Leben bestimmen — und wenn das vorüber ist? Kommt dann der Tod? Oder welche Art von Leben erwartet man dann, die einen erfüllen könnte?
Paulus sagt es später in seinen Worten: »Besitzen wir als besäßen wir nichts«. Darin liegt das wirkliche Ziel. Suchen wir lieber, mit den Dingen so umzugehen als gehörten sie uns nicht, mit der Liebe eines Menschen wie mit einem sehr, sehr wertvollen Geschenk; achten wir unsere Kinder als die Persönlichkeiten, die uns immer wieder von Gott mitteilen, daß er Leben schafft. Diese Art des Umgangs, dieses Suchen nach Leben wird Gott finden, weil er sich nur dem schenkt, der ihm Platz läßt. Halten wir ihm diesen Platz frei.

Fürbitten

Herr, unser Gott, unser Leben ist oft von dem Drang nach Besitz und Macht geprägt. Dabei übersehen wir, daß Du das Leben bist.
Darum bitten wir:
Öffne unsere Augen für das rechte Maß im Umgang mit allem, was Du uns anvertraut hast.
Laß uns erkennen, daß kein menschliches Leben »Besitz« eines anderen Menschen ist, so daß man über ihn verfügen könnte.
Gib uns mehr Licht in unserem Suchen nach dem wirklichen Leben, das Du selbst bist und führe uns durch die Dunkelheit.
Denn Du allein bist der Wert, für den alles Streben sich lohnt. Du bist das Leben, das unvergänglich ist. Schenke uns immer wieder Deine Nähe, wenn Dunkelheit unsere Wege verdeckt. Amen.

19. Sonntag im Jahreskreis (Weis 18, 6-9)

»Erinnerung setzt Anfänge«

Ansprache

Ich glaube, auch Sie sind manchmal mit Freunden zusammen in einem Gasthaus. Vielleicht ist es Ihnen dabei auch schon passiert, daß der Gesprächsstoff ausging, obwohl man sich auf diesen Abend mit diesem Kameraden gefreut hatte. Die Situation kann einem leicht peinlich werden, weil man dann denkt: Ist unsere Beziehung wirklich so leer geworden? Haben wir uns nichts mehr zu sagen? — Und um dem möglichst schnell zu entgehen, findet man zu den sog. »Ollen Kamellen«. Man sucht die gemeinsamen Erlebnisse, Dinge, die man früher gemeinsam getan hat. »Kannst Du Dich noch an unseren letzten Abend bei Jochen erinnern? Mensch, das war Klasse. Und wie Günter die ganze Bande zum Lachen gebracht hatte. Der ist auch ein prima Kerl. Aber Karl, der lange Schlanke, kennst Du ihn nicht mehr?« ... usw. Der Abend ist gerettet, man findet sich langsam wieder. Und irgendwann ist der Zeitpunkt, wo die jetzigen Dinge, Probleme des heutigen Alltags und ernstere Fragen besprochen werden. —
Die Erinnerung hat geholfen, einen neuen Anfang, ein neues gemeinsames Erlebnis zu schaffen. Und am Ende ist man — ausgesprochen oder unausgesprochen — sicher, daß diesem Abend noch weitere folgen werden.
In der ersten Lesung des heutigen Sonntags wird eine ganz ähnliche Situation geschildert: In den letzten Jahrhunderten vor Christi Geburt hatten sich Juden in Ägypten angesiedelt. Sie lebten dort als gläubige Israeliten in der Diasporasituation. Anfang und Mitte des 1. Jhs. v. Chr. wurden sie von ihrer heidnischen Umgebung stark bedrängt. Viele Israeliten kehrten sich von ihrem Ein-Gott-Glauben ab, um sich auf diese Weise den Bedrückungen und Anfeindungen der ägyptischen Behörden zu entziehen. Einige von ihnen belächeln und verspotten die eigenen Glaubensbrüder wegen ihrer Treue im Glauben an den Gott der Väter, der ihnen in dieser Situation nur Nachteile einträgt. In dieser Zeit der Not besinnt sich der Verfasser des Weisheitsbuches, ein alexandrinischer Jude, auf die Geschichte seines Volkes und seines Glaubens: Gott hat vor vielen Jahrhunderten Israel

schon einmal aus der Knechtschaft der Ägypter befreit. Dieses Eingreifen Gottes ist die Grundlage des Glaubens, daß Gott auch weiterhin sein Volk führt und beschützt, daß er treu bleibt, auch wenn Israel untreu wird.

»Ich bin gekommen, um Feuer auf die Erde zu werfen«

Betrachtung

Kindern gibt man kein Feuer in die Hand! Man weiß, wie gefährlich das ist, wie leicht etwas zerstört werden kann.
Gott ist »schrecklich leichtsinnig«. Da verdeutlicht uns Jesus, wir seien Kinder Gottes, und doch sagt er: »Ich bin gekommen, um Feuer auf die Erde zu werfen«. Ob er vielleicht keine Angst hat um seine Schöpfung?
Er mußte aber auch schon oft die »Feuerwehr« schicken. Oder meinen Sie nicht, daß es göttlicher Geist war, der durch den »Augsburger Religionsfrieden« endlich Katholiken und Lutheraner gleichberechtigt nebeneinander leben ließ? Meinen Sie nicht auch, es sei Hl. Geist gewesen, der die vielen Möglichkeiten des II. Vatikanischen Konzils eröffnet habe?
Wir »Kinder Gottes« haben mit der »Macht des Feuers vom Himmel« schon manches gute Gebäude in Brand gesteckt. Unter dem lobenswerten Ziel der Weltmission wurde mancher Mord begangen an den Völkern, die sich der neuen Religion nicht unterwerfen wollten. Große Ungerechtigkeiten im Namen Gottes wurde verübt, als man »Hexen« auf den Scheiterhaufen stellte, Ketzer, Häretiker und Andersdenkende folterte und tötete.
Aber zu allen Zeiten blühte neben dem Bösen auch das Heilige in der Kirche. Das Mönchtum ist da zu sehen, zu dem sich Menschen zusammenschlossen, die Gottes Geist in ihrem Leben Fleisch geben wollten, die sich als die wirklichen Bewahrer christlichen Lebensgutes zeigten. So sind auch in unseren Tagen neben dem Völkermord der Nazis Heilige gewachsen, wie z. B. ein Pater Delp. Eine Frau wie Mutter Teresa von Calcutta ist sicher ebenso in die Reihe derer zu stellen, durch die Menschen Heil erfahren.
Gottes Geist weicht niemals von den Menschen. Denn unsere Geschichte ist die Geschichte Gottes. Er hat seine Schöpfung keinem Zufall überlassen, sich nicht in unerforschliche Fernen zurückgezogen: Gott liebt seine Welt noch immer. Aber sein Wort ist wie ein Schwert, das Tun und Denken scheidet; sein Evangelium ist das Feuer, das Menschen sich

verzehren läßt, die, von seiner Liebe entflammt, sich ganz in seinen Dienst stellen. Immer wieder erfahren wir, wie die Treue zu seiner Botschaft Familien und Völker trennt, da nicht alle die »Torheit des Kreuzes« begreifen und Christus nachfolgen können.

Aber um der Freiheit und Größe des menschlichen Geistes, um des bereitwilligen Ja oder des ausgesprochenen Nein zu Gott willen, bleibt die scharfe Trennung. Gott läuft keinem nach und bettelt um Gehör. Durch die Propheten, durch seinen Sohn Jesus Christus, durch die Zeugen seiner Botschaft in allen Epochen der Geschichte bietet er seinen Weg an, der dem Menschen Zukunft ermöglicht. Wer ihn geht, wird das Feuer der Liebe erfahren; wer seinen Weg verläßt, wird die Unwegbarkeit menschlicher Gefühle, Verirrungen und Ungerechtigkeit spüren, die meist in der Hoffnungslosigkeit enden.

Gott läßt das gefährliche Spiel mit dem Feuer zu. Er weiß, daß sich mancher von uns verbrennt. Er weiß aber auch, daß sein Feuer nicht zerstört, weil es das Feuer der Liebe ist. Beim Nachdenken über die Vergangenheit erhebt sich der Schreiber des Weisheitsbuches über die Nöte der Gegenwart; er erkennt den Gesamtzusammenhang seiner geschichtlichen Herkunft und der seinem Volk verheißenen Zukunft. Bei seinen Gedanken lernt er die aktuellen Nöte der Gegenwart und die Forderungen der Zukunft in den Blick zu nehmen und zu bewältigen.

Und nun finden wir auch die Paralelle zu dem anfangs Gesagten: Das Betrachten der Vergangenheit ist mehr als nur das Betrachten des Glanzes der Vergangenheit. Die Strapazen, das Gefährliche, das Bedrohende, die Herausforderung des damaligen Lebens sind vergessen. Angesichts der Belastungen, der Probleme der Gegenwart, wird die Vergangenheit gern als die »gute alte Zeit« verklärt. Israels Erinnerungen, auch die Erinnerungen unserer Freunde, sind positive Erinnerungen. Sie geben Mut, wieder auf die Befreiung, auf einen neuen Anfang zu trauen und entsprechend zu leben. Heute könnte die stille Feier den neuen Anfang, den Mut zum Weiterleben geben. Christus, dessen Lebenswerk unsere Eucharistiefeier gilt, ist sich der Menschheit bewußt geworden: Ihrer Not und Sorgen, aber er glaubt auch an die Hoffnung trotz der zerstörenden Kräfte, daß Liebe stärker sein kann als all ihre Gegenkräfte. Jesu Haltung wurde durch seinen Tod in Frage gestellt, durch die Auferstehung aber bestätigt. Er hat eine Bewegung in die Geschichte gebracht, die viele — ob Christen oder Andersdenkende — zu einer Lebenseinstellung führte, die der seinen gleicht. Und wenn wir hier in einer Gemeinde zusammenwohnen, kann das Erlebnis der Gemeinschaft uns zu neuem Vertrauen, zu einem neuen Anfang zum Wohle der Gemeinde anregen:

— zu hoffen wider alle Hoffnungslosigkeit,
— sich einzusetzen, auch wenn man sich dadurch allen möglichen Mißverständnissen aussetzt,
— Fantasie zu entwickeln, wo Langeweile das Leben erstickt,
— Freude zu verbreiten, wo es nichts zu lachen gibt,
— Mut zu machen, wo es trostlos aussieht,
— Vertrauen zu stiften, wo die Atmosphäre vergiftet ist,
— Klima zu schaffen, wo es kein Zuhause gibt,
— Vergebung zu praktizieren, wo man sich ständig Fehler vorrechnet,
— Toleranz zu üben, wo man sich verketzert.

Jeder, der schon einmal in der Lage war, von der wir anfangs erzählten, kann sich selbst genügend Antworten sagen. Emerson sagt: »Niemand, der Größe besitzt, klagt über Mangel an Gelegenheit«. Um zu wissen, was die Stunde geschlagen hat, ist mehr notwendig als ein Blick auf die Uhr.

20. Sonntag im Jahreskreis (Lk 12, 49-53)

»Gott begegnet euch als Söhnen«

Betrachtung

»Wir haben einen Sohn! — Ein Stammhalter ist angekommen!« — So lautet manche Anzeige in der Tageszeitung, durch die Eltern die Freude über die Geburt eines Sohnes allen mitteilen möchten.

Zu der Zeit Jesu hatte der »Sohn« eine noch größere Bedeutung für das Wohl oder Wehe einer Familie: Er war es, der für die alten Eltern sorgen mußte; er mußte auch die Geschwister mitversorgen, wenn sich einer nicht zurecht fand. Jesus wählt darum für seine Botschaft dieses vertraute Bild, da seine Hörer ihn so besser verstanden. Die ganze Liebe der Eltern richtete sich auf den Sohn, er sollte sich würdig erzeigen des Erbes, er sollte den Namen der Familie in Ehren weitertragen. Dafür wurde er streng erzogen, in aller Liebe zurechtgewiesen, auch gezüchtigt, wenn dies den Eltern als notwendig erschien.

Sicher denken wir heute in der Erziehung der Kinder anders. Auch die Vorrangstellung der Söhne gegenüber den Töchtern ist größtenteils einer Gleichberechtigung aller Kinder gewichen. Aber der Inhalt dieser Botschaft bleibt.

Wir sind nicht nur Freunde Gottes. Wir sind, so lautet Jesu Botschaft, seine Söhne und Töchter, seine Kinder. Gott ist unser Vater, zu dem wir »Du« sagen dürfen, nicht irgendeine unpersönliche Anrede. Er hat uns geschaffen und liebt uns. Er schickt uns nichts Böses, nichts, das uns vernichten soll. Hinter allem steht Gottes Liebe und Güte, die unser Heil möchte.

Wie anders verhalten wir uns! Oftmals benehmen wir uns wie streitende Geschwister; der eine ist neidisch, weil der andere eine Erdbeere mehr in seiner Schüssel hat. Dann schlagen wir uns gleich. »Kain und Abel« leben in den Menschen aller Geschlechter.

Muß uns das Verhalten unserer Menschheit, nicht manchmal kindisch, töricht und unmenschlich vorkommen? Fließt wirklich das Blut unseres Vaters in unseren Adern? Oder tauschen wir das göttliche Blut nicht zu oft gegen das Blut des Hasses, des Bösen, dessen, was sich gegen Gott richtet? Jesus hat uns durch das Vergießen seines Blutes erlöst, hat uns neu hineingestellt in die Liebe des Vaters.

Aber sein Blut scheint manchmal vergebens geflossen zu sein, seine Menschwerdung im Menschen wird schon vorher erstickt.

Doch Gottes Geist ist niemals auszulöschen, seine Liebe nicht zu erschüttern. Gott wird immer wieder Mensch in denen, die ihn aufnehmen, seine Arme strecken sich jedem entgegen. Er bleibt unser aller Vater, auch wenn Völker sich gegeneinander mit Waffen erheben, auch wenn einer dem anderen »wahren« Glauben abspricht, auch wenn wir ihn selbstherrlich in den »Herrgottswinkeln der Welt«, unsere herrlichen Kirchen, verschließen.

»Gott begegnet euch als Söhnen«. Diese herrliche Botschaft sollte uns ermutigen, dem Vater entgegenzugehen, die Geschwister zu suchen, Streit zu beenden und die Erde zum Vaterhaus umzugestalten.

»Freund, rücke weiter hinauf!«

Ansprache

Im Geschichtsunterricht der Schule und in vielen Spielfilmen über die Zeit des Kolonialismus wurden wir mit dem Verhalten von Menschen vertraut gemacht, die sich über andere stellten und andere Völker als unwertes Leben deklassierten.
Mir scheint, als sei der menschliche Stolz, der sich über andere erhebt, das Grundübel im Miteinander, vielleicht ein anderer Begriff für »Erbsünde«. Denn zu allen Zeiten kannte und kennt man das Streben, sich anderer Menschen zu bedienen, über andere herrschen zu wollen.
Wie interessant ist doch ein »Klassentreffen«, das Schüler nach 20 Jahren wieder zusammenführt! Wie wird da übertrieben, aufgeputzt, beleuchtet, wo nur Fassaden stehen. Da sind plötzlich alle »große Leute« geworden; jeder hat ein Heer von Untergebenen, die nur auf seine großartigen Ideen warten, um dann unter Beifallsrufen alles zu erledigen. — Nur derjenige wird »Opfer« des Abends, der als einziger ehrlich gesteht, was er wirklich tut und wie er kämpfen muß. Das Mitleid aller anderen ist ihm sicher, die ja durch Fleiß und Geschick die Welt gemeistert haben. — Doch wenn sich nach 10 Bier die Zungen gelöst haben, gibt es noch einige mehr, denen »nicht alles in den Schoß fällt«.
Das Beispiel des Gastmahles im heutigen Evangelium erinnert mich an dieses unser Verhalten. Jeder wollte mehr sein, näher beim Gastgeber sitzen, den ersten Platz einnehmen. Jesus mahnt hier mit Worten, was er im Abendmahlsaal durch sein Beispiel unterstreicht. Auch dort möchte jeder den ersten Platz einnehmen und keiner wusch sich die staubigen Füße, weil ja kein Diener bereitstand. Jesus nimmt den letzten Platz ein, dient, leistet die niedrigsten Dienste. Demut hat nichts mit Sklavendienst zu tun, ist keine Erniedrigung, sondern zeigt die eigentliche Größe des Menschen. Ehrlichkeit, ohne Maske, ohne den Staub — da leuchtet die Würde auf. Welche Ausstrahlungskraft hat doch die Krankenschwester, die ihren Dienst aus Liebe zum Menschen verrichtet und nicht, »um sich den Himmel zu verdienen«! Welche Achtung gewinnt der Hausmeister, der als »Mäd-

chen für alles« einfach zur Verfügung steht, obwohl seine Zeit vielleicht schon überschritten ist, der sich durch selbstlose Hilfe die Liebe und das Vertrauen der Schüler und Lehrer gewinnt; er muß bestimmt nicht davor bangen, übersehen zu werden.

Vielleicht sollte uns das Beispiel vom Gastmahl als Spiegel weiterhelfen. Bei jedem Fest werden wir daran erinnert, wenn es um die sog. »Ehren«-Gäste geht, die Tischordnung oder derlei Dinge. Handeln Menschen so, die einander lieben, die alle, aus derselben Liebe des Gastgebers geladen, einander treffen? — »Der erste unter euch sei der Diener aller«, — das gilt sicher auch uns.

»Wer nicht auf seinen Besitz verzichtet, kann nicht mein Jünger sein«

Betrachtung

Was kostet die Welt?
Die Welt kostet Dein Leben!
Du bezahlst für alles, was Dir begegnet.
Wenn Du es nicht tust, fliegst Du raus.
Aber Du bezahlst auf alle Fälle.
Mit Deiner sozialen Rolle.
Mit Deinem Beruf.
Mit Deiner Ehre.
Mit Deinem Willen, Deiner Weltanschauung.
Wir sind sehr hart geworden:
Haste was, biste was.
Also kümmere Dich!

Schaffst Du es, in sog. »höhere Kreise« zu kommen, dann mußt Du die »Kleinen« vergessen.
Du kannst nicht glauben, mit allen Menschen auskommen zu können.
Kommst Du im Beruf auf der Leiter nach oben, dann kannst Du keine Vertrautheit mehr mit den kleinen Angestellten haben.
Hier hält man sich streng an das Herrenwort:
Niemand kann zwei Herren dienen.
Du mußt Dich entscheiden.
Ein Alleingang, der den Kontakt mit vielen sucht, ist nicht erwünscht.
Du bezahlst mit Deinem Leben.

Willst Du Dir etwas erwerben, dann gehörst Du zu den Reichen, den Kapitalisten.
Verzichtest Du um anderer Güter willen, dann bist Du ein Aussteiger, ein Irrer, der nicht die Realität sieht.

Jesus ist auch ein solcher Aussteiger.
Er glaubt doch tatsächlich, Freunde zu gewinnen, wenn er fordert, man solle sich nicht an seinen Besitz binden.
Woran soll man sich sonst binden?
Nur an sein Wort?

Er verkündet eine so eigene Welt, so eigene Weisen der Lebensführung, daß man nicht weiß, wo es hinzielt.

Ist Freiheit Gewinn,
wenn ich mich lossage von meinem Streben nach einer höherdotierten Stelle?
Ist Liebe das Ziel,
wenn ich im Personalrat mitarbeite,
anstatt mich nur um meine eigenen Interessen zu kümmern?
Ist Hoffnung ein Weg,
der mir Zukunft schenkt?

Jesus ist der Punkt der Entscheidung.
Mit ihm steht und fällt mein Leben.
Die Entscheidung für oder gegen den Weg seines Evangeliums ist gewichtiger als die Entscheidung für oder gegen einen materiellen Wert.
Mit ihm hört mein Leben nicht auf.
Mit ihm zeigt sich immer ein neuer Anfang.
Mit ihm gibt es keine Hoffnungslosigkeit.
Freunde verlassen mich, wenn ich nicht mehr zu ihnen passe, weil ich »Pech« hatte.
Gewinn zerfällt, wenn ich ihn nicht bewache.
Schönheit vergeht, ohne daß wir sie erhalten können.

Jesu Worte versprechen Ewigkeit,
Jesu Liebe verheißt Leben,
Jesu Botschaft schenkt Klarheit für einen Weg.

Ich denke, ich sollte nach ihm fragen.
Vielleicht ist er doch das wirkliche Leben.
Alles, was er verspricht, ist so grenzenlos.
Was er sagt, ist so voller Leben.
Er klammert keinen aus, der einer anderen Schicht angehört.
Bei ihm findet jeder Zukunft.

Aber es gelingt mir nur schwer,
mich von all dem zu lösen,
was mir Sicherheit gibt.
Ich muß mich aufmachen,
endlich mal einen Schritt wagen,
endlich herausgehen aus der muffigen Sicherheit meines kleinen Lebens.

Hilf mir heraus, Herr.
Ich glaube, daß Du das wirkliche Leben bist.
Ich glaube, daß ich mich bedingungslos auf Dich verlassen kann.
Hilf mir auf den wirklichen Weg.
Hilf mir zu Dir.

»Barmherzigkeit«

Ansprache

Das heutige Evangelium ist so bekannt, daß man eigentlich kein Wort mehr darüber verlieren sollte. Es wird beim Bußunterricht in den Schulen vorgetragen; auch in der Kirche hört man es immer wieder. Scheinbar weiß die Kirche auch nichts Neues mehr! Man gab ihm verschiedenste Überschriften: »Parabel vom verlorenen Sohn«, od.: »Gleichnis von der Liebe des Vaters« od.: »Gleichnis von der Kritik an der Liebe des Vaters«.

Doch es läßt sich auch positiv fragen: Warum legt die Kirche soviel Wert gerade auf dieses Evangelium?

J. Schmid bezeichnete es einmal als »die Perle unter allen..... Parabeln Jesu, als das Evangelium im Evangelium«.

Die Situation, in die hinein Jesus dieses Gleichnis erzählt, ist noch offen. Noch haben die Pharisäer und Schriftgelehrten Jesus nicht abgelehnt und verworfen. Doch Jesus provoziert sie dadurch, daß er gerade die Ausgestoßenen der Gesellschaft in seine Heilsgemeinde aufnimmt. Sie, die Pharisäer, die Gerechten, denen kein Makel der Schuld und Sünde anhaftet, müssen es doch besser wissen, wer nach dem Gesetz Moses als gerecht gilt. Sie haben das Gesetz doch studiert und achten sehr genau darauf, daß kein Jota ausgelassen wird. Und da kommt dieser Jesus, ein unbedeutender Zimmermannssohn aus einem unbedeutenden Ort, der sich nicht mit dem Gesetz befaßt, der keine theologische Prüfung abgelegt hat und spricht vom Gottesreich. Er spricht von Gott als kennte er ihn, ja, er wagt es sogar, ihn Vater zu nennen. Die Pharisäer dagegen fürchten Gott so sehr, daß sie nicht einmal wagen, Gottes Namen im Munde zu führen. Und dann diese Parabel: Hier geht Jesus wirklich zu weit. Er greift sie persönlich an.

Freilich war es nichts besonderes, wenn der zweite Sohn sich seinen Erbteil auszahlen ließ und versuchen wollte, in der Fremde Fuß zu fassen. Die Fremde bedeutete Freisein von der Bindung an das Vaterhaus, an das Gewohnte, an den Alltag und ließ den Menschen nun auf sich selbst gestellt sein. Doch dieser Sprung gelingt dem Sohn in der Parabel

nicht. Bald verliert er sein gesamtes Vermögen durch ein liederliches Leben. Dazu läßt ihn eine Hungersnot in diesem Land soweit sinken, daß er um sein nacktes Leben kämpfen muß. Nun wirft er Glauben, Gebote und Vorschriften, die ihm bisher noch heilig waren, über Bord. Allein die Erhaltung des eigenen Lebens ist Ziel seines jetzigen Strebens. Seine »Freunde«, die er zahlreich fand, als er noch Geld besaß, verlassen, verstoßen ihn. Er wird zum Asozialen. — Trägt er die Schuld daran etwa ganz allein?
Seine Not zwingt ihn, das Gesetz zu übertreten und sich in die Hände eines heidnischen Gutsbesitzers zu begeben. Er darbt mehr als die Schweine, die er hüten muß. Doch erkennt er auch die Chance, die ihm winkt. Seine Not läßt ihn auch seine Schuld erkennen. Er geht in sich. Seine Reue ist groß, er bricht sein jetziges Leben ab. Er geht den ersten Schritt zur Umkehr und hofft auf Vergebung durch den Vater. Nicht mehr als Sohn will er dem Vater dienen, sondern als Tagelöhner; er fühlt sich elend, ausgestoßen, unwürdig. Und doch geht er in seiner Not zum Vater, dem er Vertrauen schenkt. Wenn er nur dessen Erbarmen finden kann, will er ihm gerne als Unfreier, als Diener anhangen. Doch der Vater, die Hauptperson dieser Parabel, eilt ihm entgegen. Er achtet nicht auf die Sitten der vornehmen Orientalen, die ihm das Eilen verbieten. Er eilt dem Sohn entgegen, sieht nur den reumütigen Sohn und dessen Not. Er fragt nicht danach, was er getan hat. Kein Vorwurf, er umarmt den Heimgekehrten, schenkt ihm ein Ehrengewand, den Siegelring der Familie und gibt ihm so seine Sohneswürde zurück. Nicht genug: Er veranstaltet ein Fest für den Asozialen, so sehr freut er sich über die Rückkehr dieses verlorenen Sohnes.
In der Person des älteren Bruders ist nun das Gesetz vertreten. Er kann es nicht verstehen, wie der Vater diesen Asozialen, diesen liederlichen Menschen aufnehmen kann, den er nicht einmal mehr »Bruder« nennen will. Er selbst war seinem Vater treu und diente ihm. Für ihn wurde kein Fest veranstaltet. Er kann es einfach nicht begreifen, wie der Vater sich an diesem verunreinigen kann. Und darum betritt er das Haus nicht. Doch der Vater kommt auch ihm entgegen. Er zeigt ihm, daß er ja bislang am Besitz des Vaters teil hatte. Was des Vaters ist, gehört auch dem Sohn. Außerdem

leidet er keinen Schaden dadurch, daß der Vater barmherzig ist. Und der Vater gibt ihm eine Erklärung, er betont nicht seine Autorität, sondern sagt nur: »Dieser da, dein Bruder, war tot und ist wieder lebendig geworden, war verloren und ist wieder gefunden!« Das ist für ihn Grund genug, sich des Notleidenden anzunehmen, der sein Handeln als falsch erkannt und bereut hat.

Das also ist die Botschaft Christi! Sie ist keine Drohbotschaft, sondern will Liebe, Erbarmen für die Ärmsten, für die Ausgestoßenen der Gesellschaft. Christus bietet sein Erbarmen an und fordert Gleiches von seinen Jüngern. Christus fühlt sich nicht verunreinigt, wenn er einem Verbrecher, einer Dirne, einem öffentlichen Sünder seine Tischgemeinschaft anbietet. Doch er möchte, daß der Mensch in Reue den ersten Schritt zur Umkehr tut und auf Christus und seine Brüder zugeht, dann ist ihm seine Erbarmung gewiß.

Daher hat diese Botschaft auch uns noch etwas zu sagen. Fragen wir doch: Freuen wir uns wirklich, wenn ein Asozialer zu uns kommt, wenn er um brüderliche Liebe und Hilfe bittet? — Was tun wir, wenn jemand aus dem Gefängnis kommt? Schenken wir ihm die Chance für ein neues Leben? Ist nicht unser Mißtrauen größer, da er ja sowieso wieder rückfällig wird? Stoßen wir ihn nicht durch unser Verhalten erst recht in die Not? Könnte Jesus nicht auch diese Menschen gemeint haben?

Und könnten uns nicht die Jugendbewegungen ein Fingerzeig sein? Diese Menschen, Gammler und Rocker, waren Heroin-süchtig und sind von einem Tag auf den anderen geheilt. Immer wieder hört man: »Ich kann plötzlich ohne Drogen leben — Jesus hat mich befreit. Ich war Alkoholiker und bin geheilt! Ich war sexuell verirrt — Jesus hat mich gerettet!« — Diese Menschen haben ein Ziel, einen letzten Sinn für ihr Leben gefunden. Sie haben erfahren: Jesus hat sie aus ihrer Not errettet und aufgenommen. Junge Menschen, die plötzlich an Jesus glauben, an die Rettung durch ihn. Sie leben zusammen in Gemeinschaften, lesen täglich das NT, beten und versuchen, Jesus nachzuleben. Warum lassen wir es zu, daß sie sich von der Kirche fernhalten? Sind wir nicht etwas zu voreilig, wenn wir dies alles als Fanatismus abtun? Sind wir wirklich schon soweit von Christus entfernt wie die Pharisäer? — Christus will, daß seine Jünger an ihren Früchten erkannt werden — wo sind unsere Früchte? Wo sind die Werke unserer Nächstenliebe? Wann beginnen wir, uns unserer Brüder — das sind alle Menschen — wie der Vater zu erbarmen, ohne nach dem Maß der Schuld zu fragen? Es ist sicher verkehrt, nur auf die Umkehr des anderen zu warten. Paulus schreibt im Römerbrief (3,9) »alle sind wir unter der Sünde«. Wie schwer ist es doch, wirklich »in sich zu gehen«, die eigene Not zu erkennen und in Reue zum Vater zurückzukehren. Es ist durchaus nicht unmodern, sich zu entschuldigen, Verzeihung zu erbitten bei den Menschen und bei Gott! Natürlich ist dies nicht einfach! Aber Christus will es uns nicht einfach machen! Er will nicht, daß wir so in den Tag hineinleben. Das bedeutet nicht Christ sein, sondern Christ sein heißt, das stete Unterwegssein des verlorenen Sohnes zurück zum Vater. Er will uns aus unseren Problemen heraus helfen. Er will, daß wir frei und glücklich sind. Er will, daß wir als Brüder — ähnlich dem Vater der Parabel — verzeihen, ohne nach dem Maß der Schuld zu fragen. Er will, daß wir die Not und den Hilferuf des anderen sehen und ihm helfen.

Dieses glücklich sein, weil man liebt, durchzieht das gesamte Evangelium wie ein roter Faden. Darum bedeutet Christ sein, zu lieben und das, was man gegen die Liebe getan hat, zu bereuen. Dann schenkt Christus uns Erbarmen, dann, wenn wir Christus verstanden haben, können wir Erbarmen empfangen und schenken.

Gebet

Herr, unser Gott. Du willst das tätige Erbarmen. An Äußerlichkeiten hast Du keine Freude. Aus dem Inneren heraus sollen wir Deine Liebe weitertragen, mit der Du uns erfüllst. Du bist die Liebe und willst lebendig sein im Leben Deiner Jünger. Lehre uns diese Haltung. Begleite unser Denken und Tun mit Deinem Geist und führe uns zurück, wenn wir Deine Wege verlassen. Laß neu werden den Geist der Liebe in Deiner Kirche, aufblühen die Gemeinschaft, stark werden das Erbarmen der Menschen. Denn nur so sind wir Deine Zeugen bis an die Grenzen der Erde. Amen.

»Der ungerechte Verwalter«

Einführung

In eindringlicher Weise fordern uns die Texte des heutigen Wortgottesdienstes dazu auf, eine Entscheidung zu fällen, d.h. unseren Glauben nicht als ein Anhängsel zu betrachten, das wir »mitschleppen« bis wir mehr Zeit dazu haben. Die Zeit ist uns gegeben, daß wir sie nützen. Wie leicht aber ist sie verstrichen, wir haben einmal wieder nichts getan, weil wir zu viel tun wollten — oder weil wir zu bequem waren — oder weil wir sie nicht erkannt haben — oder — oder — oder.

Herr, Jesus Christus, Du bist in unsere Zeit gekommen, weil Du uns spüren lassen wolltest, daß das Jetzt, das Heute unsere Zeit ist, in der Du mit uns lebst. Herr, erbarme Dich.
Oft haben wir Zeit. Aber wir laufen uns selbst davon, weil wir »Angst vor uns selbst« haben. Doch in der Ruhe könnten wir auch Dich finden. Christus, erbarme Dich.
Irgendwann ist unsere Entscheidung gefallen, Dein Wort als das Wort, als die Wahrheit anzuerkennen. Aber die täglichen Entscheidungen führen uns oft leichtfertig von diesem Weg ab. Herr, erbarme Dich.

Ansprache

Vielleicht haben Sie sich gerade wieder einmal über dieses unverständliche Evangelium geärgert und sich gefragt, warum man diesen Text nicht besser verschweigt. Ein Betrüger wird gelobt und als Vorbild hingestellt! Heißt das nicht: Gaunert euch durchs Leben und verschafft euch Freunde mit dem Reichtum?
Sie haben heute einmal den Text vor sich liegen. Wir wollen versuchen, ihn so gemeinsam zu sehen.
Der Text ist keine Einheit, sondern besteht aus 2 Teilen: einem Gleichnis Jesu und einigen Zusätzen des Evangelisten, die ursprünglich nichts mit dem Gleichnis zu tun hatten.

1) Jesus erzählt eine Geschichte von einem Gutsverwalter, der den Besitz seines Herrn durch Mißwirtschaft vergeudet hat. Als der Herr dahinterkommt, wird der Verwalter ent-

lassen. Vorher muß er aber noch die Schlußabrechnung vorlegen, damit sein Nachfolger wenigstens geordnete Bücher übernehmen kann. Der Verwalter sagt sich: In ein paar Tagen stehe ich auf der Straße — wovon soll ich dann leben? So nutzt er die Zeitspanne, die ihm zur Abrechnung bleibt, zu einem Betrugsmanöver, um sich die Schuldner seines Herrn für später zu verpflichten. Er läßt sie einzeln zu sich kommen, gibt ihnen die Schuldscheine zurück und läßt sie niedrigere Summen einsetzen. Natürlich profitieren die Schuldner dadurch. In beiden Fällen »sparen« sie etwa 500 Denare (1 Denar reicht aus, um eine Familie einen Tag zu ernähren). Der Gutsherr hat ein zweites Mal den Schaden (Mißwirtschaft/Betrug), die Schuldner aber sind einen Teil ihrer Schulden losgeworden. So werden sie sich erkenntlich zeigen und den Verwalter später in ihre Häuser aufnehmen.
2) Jesu Urteil: Er lobt den unehrlichen Verwalter. Wofür? Daß er die Schuldner angestiftet hat, ihre Schuldscheine zu fälschen? Nein. Daß er seinen Herrn durch ein zweites Mal geschädigt hat? Nein. Nur eines lobt Jesus: Die Klugheit des Mannes, in einer bedrohlichen Lage entschlossen zu handeln und so seine Zukunft zu retten. Natürlich hat sich der Verwalter in der Wahl seiner Mittel vergriffen. Aber unser Evangelium hat nur einen Vergleichspunkt. Alles andere bleibt für die Deutung außer Betracht. Das ist für uns nicht so selbstverständlich wie für die Hörer Jesu, die mit Gleichnisreden vertraut waren: Jesus lobt nur die kluge Entschlossenheit, mit der der Verwalter für seine Zukunft sorgt. Daß er dabei betrügerische Mittel einsetzt, gehört nicht zum Vergleichspunkt und darf daher auch nicht übertragen werden.
3) Absicht: Auf drastische Weise soll den Hörern klargemacht werden, in welcher Lage sie sich jetzt befinden und was zu tun ist: Jetzt ist die Stunde der Entscheidung für Euch! Jetzt kommt alles darauf an! Eure Zukunft steht auf dem Spiel! Nutzt die Zeit! Kehrt um und glaubt!
4) Das Gleichnis bei Lukas.
Lk hat das Ev aufgenommen und ergänzt durch eigene Bemerkungen und drei Anwendungen, die ursprünglich nicht zum Gleichnis gehörten. Damit seine Leser Jesu Lob der Klugheit nicht mißverstehen, fügt Lk ein erklärendes Wort an: Anerkannt ist die kluge Entschlossenheit, nicht die gerissene Schläue des Verwalters, die den Gutsherrn übervor-

teilt. Solche Schläue gibt es im Umgang der Kinder dieser Welt mit ihresgleichen; die Kinder des Lichtes sind Gott sei Dank anders.

Die drei Anwendungen beziehen sich in verschiedener Weise auf das Gleichnis und werden untereinander durch den Gedanken des ungerechten Reichtums zusammengehalten.

Die erste Anwendung war ursprünglich wohl ein Wort, das Jesus zu bekehrten Zöllnern gesagt hatte. Ein Teil ihres Reichtums war durch Betrug zustande gekommen. Aber wie sollte das wiedergutgemacht werden? Sie wußten ja nicht mehr, wen sie alles übervorteilt hatten. So sagt ihnen Jesus: Zeigt eure Umkehr dadurch, daß ihr das Geld, an dem Unrecht klebt, den Armen gebt. Um ihretwillen, denen ihr geholfen habt, wird Gott euch gnädig sein und euch in die ewigen Wohnungen aufnehmen. Durch das Stichwort „Aufnehmen in die Wohnungen" ist dieser Vers mit dem ursprünglichen Gleichnis verbunden.

Die zweite und dritte Anwendung sehen den Bezug zur Gleichnisgeschichte anders: Für die Verse 10-12 ist der Verwalter ein abschreckendes Beispiel mangelnder Zuverlässigkeit und Treue; Vers 13 fordert zur Entscheidung auf: man kann nicht sein ganzes Herz an das Geld hängen und gleichzeitig Gott dienen wollen.

5) Ein Evangelium ist aber auch immer ein Text, der uns Christen heute direkt anredet. So fragen wir uns:
nach unserer Entschlossenheit, uns Gottes Willen zu öffnen (auch unsere Zukunft steht auf dem Spiel),
nach unserer Bereitschaft, mit den Ärmsten zu teilen;
nach unserer Verläßlichkeit und Treue im kleinen wie im großen;
nach unsererm Verhältnis zu Besitz und Reichtum.

1. Das Gleichnis Jesu

a) Jesus erzählt eine Geschichte (VV 1-7):
Jesus sagte zu den Jüngern: Ein reicher Mann hatte einen Verwalter. Diesen verklagte man bei ihm, daß er das Vermögen verschleudere. Da ließ er ihn rufen und sagte zu ihm: Was höre ich da über dich? Gib Rechenschaft über deine Verwaltung! Du kannst nicht

länger mein Verwalter sein. Da überlegte der Verwalter: Was soll ich tun, wenn mir mein Herr nun die Verwaltung entzieht? Zu schwerer Arbeit tauge ich nicht, zu betteln schäme ich mich. Jetzt weiß ich, was ich tun muß, damit mich die Leute in ihren Häusern aufnehmen, wenn ich als Verwalter abgesetzt bin. Und er ließ die Schuldner seines Herrn der Reihe nach zu sich kommen und fragte den ersten: Wieviel bist du meinem Herrn schuldig? Er antwortete: Hundert Bat Öl. Da sagte er zu ihm: Nimm deinen Schuldschein, setz dich gleich hin und schreibe: Fünfzig! Dann fragte er einen anderen: Wieviel bist du schuldig? Er antwortete: Hundert Kor Weizen. Da sagte er zu ihm: Nimm deinen Schuldschein und schreibe: Achtzig!

b) Jesus nennt den Vergleichspunkt (V 8a):
Und Jesus lobte den unehrlichen Verwalter und sagte: er hat klug gehandelt.

2. *Zusätze durch Lukas*

a) eine erklärende Bemerkung (V 8b):
Die Kinder dieser Welt sind im Umgang mit ihresgleichen klüger als die Kinder des Lichts.

b) Drei Anwendungen:
1. (V 9)
Ich sage euch: Macht euch mit dem ungerechten Reichtum Freunde, damit man euch, wenn ihr nichts mehr habt, in die ewigen Wohnungen aufnimmt.
2. (VV 10-12)
Wer in den kleinsten Dingen zuverlässig ist, der ist es auch in den großen. Wenn ihr im Umgang mit dem ungerechten Reichtum nicht zuverlässig seid, wer wird euch dann das rechte und wahre Gut anvertrauen? Und wenn ihr im Umgang mit dem fremden Gut nicht zuverlässig gewesen seid, wer wird euch dann unser Gut anvertrauen?

3. (V 13)
Kein Sklave kann zwei Herren dienen. Er wird entweder den einen hassen oder den anderen lieben, oder er wird zu dem einen halten und den anderen verachten. Ihr könnt nicht zugleich Gott und dem Geld dienen.

26. Sonntag im Jahreskreis (Lk 16, 19-31)

»*Glaube ist Wagnis*«

Ansprache

Unser Glaube ist ein großes Wagnis! Wer kann schon sagen, daß wir wirklich das Richtige tun? Wer kann schon beweisen, daß wir den richtigen Gott verehren?
Diese Situation, meine Damen und Herren, ist keineswegs neu. Auch zur Zeit Jesu fragte man sich, ob die Pharisäer und Schriftgelehrten wirklich Jahwe verkündeten. Und uns geht es nicht anders. »Ihr redet von einem Gott, der nicht antwortet! Wo ist euer Gott?« So oder ähnlich hört man es immer wieder! — Und wie lautet dann unsere Antwort?
Jesus sagt: »Ich bin gekommen, um für die Wahrheit Zeugnis abzulegen. Ich bin der Weg, die Wahrheit und das Leben. Ich und der Vater, wir sind eins«. Und doch erhebt sich für uns die Frage: Können wir diesem Jesus glauben? Oder ist er doch nur ein überspannter Mensch, der seine Quittung am Kreuze bekam?
Im heutigen Evangelium gibt uns Jesus die Antwort. Er befiehlt nicht den Glauben, er bietet ihn an.
Der reiche Mann, der nach seinem Tod fern von »Abrahams Schoß« sitzt, leidet Not. Er hat erkannt, daß sein Leben verkehrt war. Daher möchte er keine Änderung seiner Lage, nur Linderung. Er möchte einen Fingerzeig Gottes verspüren, den er als den wahren Gott erkannt hat. Aber zu spät! Gott sagt ihm durch Abraham, daß dies nicht mehr möglich ist. Er hat es ja auf der Erde sehr gut gehabt in seinem Haus. Und nun ist die Kluft zwischen ihm und dem armen Lazarus, den er im Leben nicht sah, zu groß. Diesen höllischen Zustand, in den er aus eigener Schuld geraten ist, kann er nicht mehr ändern, und das eben ist seine Qual.
Das ist die wichtigste Aussage der heutigen Perikope: Die Entscheidung für oder gegen Gott muß zu unseren Lebzeiten fallen. Gott spricht durch seine Propheten zu uns, durch seinen Sohn, durch das Evangelium und all die Glaubenskünder, die ihm nachfolgen. Das Leben dieses Jesus soll uns Wegweiser für unsere Entscheidung sein.
Daher müssen wir fragen: Sind wir nicht dieser reiche Prasser? Wie große Mauern errichten wir um uns und wähnen uns in Geborgenheit? Doch ist dies wirklich Geborgenheit? Ist sie nicht vielmehr ein riesiger Festsaal mit Lärm und

Rausch? Fliehen wir nicht aus unserer Umwelt durch unseren Lebensstil? Lassen wir nicht allzu viel die Welt mit ihren Problemen vor der Tür — wie den Lazarus?
Freilich weiß jeder, daß man eine Zeit der Stille braucht, um zu sich zu finden. Aber, haben wir nicht Angst davor, in dieser Stille uns zu begegnen? Vielleicht würden wir dann einige Probleme erkennen, würden uns gerufen sehen. Da ergehen wir uns doch lieber in großen Diskussionen, auch theologischer Art, und reden klug von Gott und den armen Mitmenschen, denen man eigentlich helfen müßte. Aber ist das nicht nur der Blick durch das Fenster unserer Festung? Und so schlecht sind wir ja nun auch wieder nicht! Wir spenden Millionen für Entwicklungshilfe. Wir richten Heime ein für Gefährdete und schicken Idealisten hin, die dann für uns die Arbeit tun. Man kann ja schließlich nicht alles tun, es gibt noch wichtigere Dinge. Doch dies sind nur die Brocken, die wir dem Lazarus hinwerfen!
Jesus will mehr. Er möchte, daß wir die Tore öffnen und aus unserem selbstgeschaffenen Getto heraustreten. Er will, daß wir den Lazarus sättigen und heilen. Eine Entwicklungshilfe, die in Wirklichkeit nur ein Darlehen ist, das man zu Wucherzinsen gewährt, dient nur der Selbstbefriedigung, damit man sich nicht gar zu schlecht vorkommt.
Wie sieht es mit unseren Nachbarn aus? Kennen wir sie wirklich? Auch ihre Sorgen? Oder mischt man sich aus Taktgefühl dort lieber nicht ein?
Jesus aber sah die Bedürftigen, erbarmte sich, heilte sie von ihren körperlichen Gebrechen und gab ihnen geistige Nahrung. Er tröstete sie. Haben wir es schon einmal gespürt, wie sehr man einem Menschen aus seinen Problemen helfen kann, wenn man ihn anhört, wenn man ihm nur einmal das Gefühl schenkt, daß er aufgenommen ist. Wie wichtig ist es doch für jeden Menschen, wenn er sich einmal wirklich bei einem anderen Menschen aussprechen kann, zu dem er Vertrauen hat. Doch leider hört man allzuoft: Aber ich kann doch meine wertvolle Zeit nicht damit vergeuden, daß ich mich zu dem setze und sein Geschwätz anhöre. Ich habe wirklich wichtigere Dinge zu tun.
Jesus hatte nie etwas wichtigeres zu tun als sich der Armen anzunehmen. Erinnern wir uns nun an die anfangs gestellte Frage nach Gott.

Zeigt uns Gott hier nicht recht deutlich, wer er ist? Er hat sich im Alten Bunde geoffenbart als der Jahwe, als der, der immer für uns da ist. Und Jesus hat dies gelebt. Sein Leben bestand darin, stets für andere da zu sein. Und das verlangt er auch von seinen Jüngern. Das bezieht sich auch auf unseren Alltag im Büro oder in der Fabrik. Derjenige, der neben mir arbeitet, ist nicht nur ein Schlosser oder eine Sekretärin, sondern in erster Linie ein Mensch.

Jesus akzeptiert unsere Entscheidung erst dann, wenn wir den »Festsaal unseres Lebens« verlassen und zum Nächsten hingehen. Wir sind »die 5 Brüder dieses reichen Prassers«. Hören wir auf den Rat unseres Bruders und ändern unser Leben. Jesus ist der, der von den Toten zu uns kam. Hören wir auf ihn. Versuchen wir, über unser Los nachzudenken, über den Sinn unseres Lebens und lassen uns von dem dabei anregen, der das Leben ist.

»Wir haben nur unsere Schuldigkeit getan«

Betrachtung

»Ich habe alles getan, was von mir verlangt wurde. Man kann mir nichts vorwerfen«. — Niemand möchte einem anderen etwas schuldig bleiben. Leicht fällt man dem anderen in die Hände, ist ihm ausgeliefert; der andere kann einem Auflagen machen, die man nicht erfüllen kann.

Hört man die Worte des heutigen Evangeliums, möchte man zunächst schimpfen: Immer sollen wir Christen den ersten Schritt tun. Immer nur wir sollen uns in Demut üben. Warum nicht auch einmal die anderen, die sog. Herren? — Und dann die Forderung Jesu: »Wir sind unwürdige Knechte. Wir haben nur unsere Schuldigkeit getan«. Das ist unerhört! Als hätte man nicht schon genug Idealismus, wenn man sich für die Belange der Gemeinde einsetzt, für den Verein, Sammlungen auf sich nimmt usw. Und dann soll das alles »selbstverständlich« sein? — Nein! Das geht zu weit!

Ich halte es für gut, wenn Sie so ehrlich Ihrem Ärger über das Gehörte erst einmal richtig Luft machen. Denn das zeigt, daß es uns getroffen hat, nicht nur als Schwall irgendwelcher Worte an uns vorbeizog.

Nehmen wir dann aber einmal andere Worte für die Spitze Jesu: Unser Tun ist »selbstverständlich«, weil es »aus uns selbst« kommt, weil wir »uns nur verstehen« können, wenn wir so handeln. Würden wir dienen, weil wir Dank erwarten, dann wäre dieser Dienst nicht mehr selbstverständlich, sondern mit einer Bedingung verbunden. Die Liebe Gottes aber ist letzter Grund unseres Handelns. Gott ist es, der uns das Verständnis unserer Selbst schenkt. Gott handelt bedingungslos, sich verschenkend, ohne Hoffnung auf Gegenliebe oder Dank.

Daher geht es mehr um die Fragen: Liebe ich Gott? Ist er der Grund meines Lebens? Bin ich von der Leidenschaft seiner Liebe erfüllt, oder bekenne ich mich zum Glauben an ein Evangelium nur aus Worten? — Ergibt meine Antwort das Bekenntnis des Petrus, dann muß sie Konsequenzen zulassen: »Ja Herr, wir haben geglaubt und erkannt: Du bist der Messias Gottes! — Zu wem sollen wir gehen? Du allein hast Worte ewigen Lebens!«

»Ewiges Leben« bedeutet aber nicht »Friedhofsruhe«, heißt nicht »Vertrösten auf ein Nachher«. Gottes Leben währt ewig, währt auch in unsere Zeit hinein. Wenn Gottes Leben mich erfüllt hat, dann kann ich nur Leben weitergeben in der vielfältigen Form menschlicher Erfahrbarkeit. Und aus diesem Selbstverständnis folgt selbstverständliches Tun, das kein »Dankeschön« erhofft, sondern sich verschenkt zu neuem Leben.

Es ist unendlich viel, was wir da tun — und doch nicht mehr, als daß wir »leben«.

»Wir sind Ort des Heils füreinander«

Ansprache

»Sind nicht alle zehn rein geworden? Wo sind die übrigen neun? Ist denn keiner umgekehrt, um Gott die Ehre zu geben, außer diesem Fremden?«
Jesus geht an der ihm begegnenden Not nicht teilnahmslos vorüber; Begegnung mit ihm ist erweckendes, heilendes und rettendes Geschehen. Jesus zeigt sich uns stets als der Retter. Doch nicht dies ist die Hauptaussage des heutigen Evangeliums. Der Geheilte, der zurückkehrt, hat es verstanden. Er weiß nun, wo und wie Gott zu ehren ist, nämlich dort, wo Gott sich am Menschen handelnd geoffenbart hat, in Jesus. Die anderen dagegen gehen zu den Priestern und zeigen sich ihnen. Nachher hört man nichts mehr von ihnen. Hier zeigt sich auch unsere Situation. Es kommt nicht darauf an, daß wir dies oder jenes tun, mag es auch zum Heil der Menschen sein. Allein entscheidend ist es, zu Jesus zu gehören, sich an ihm zu orientieren. Es kommt darauf an, Jesus in seinem menschenfreundlichen Wirken zu erkennen und sich von ihm bestimmen zu lassen. Er allein ist der Ort des Heils, der Danksagung und des Gotteslobes.
Das mag nun alles sehr fromm klingen, doch ist dabei zu beachten: Jesus zeigt uns hier ganz deutlich, daß er den Menschen annimmt, selbst in seiner Notlage. Danken, so will uns diese Stelle sagen, heißt, zum Ort der menschlichen Hilfeerfahrung zurückkehren und anerkennen, daß dieser konkrete Mensch mir seine Hilfe geschenkt hat. Es ist falsch, wenn man sagt, man hilft einem anderen Menschen um Gottes willen; nein, weil er unser menschlicher Bruder ist und weil sich auch Jesus der Menschen erbarmt. Und nur dann, wenn mir ein Mensch gezeigt hat, daß er mir um meinetwillen geholfen hat, werde ich mich auch als Beschenkter fühlen, als einer dem gegeben wurde.
Dies steht nun durchaus nicht im Gegensatz zum oben Gesagten. Nein. Jesus ist dieser Bruder, dem wir helfen. Einem anderen Menschen dienen ist daher Gottesdienst, weil wir einem anderen dienen, wie Gott es will.
Steht nicht gerade der »Fromme« in der Gefahr, Gott nur im Kult zu danken oder ihm nur dort dienen zu wollen?

Wenn er die Kirchentüre hinter sich gelassen hat, interessieren ihn die andern Menschen nur soweit, wie er sich ihrer bedienen kann. Jesus sagt uns hier auch ganz deutlich, daß es nicht so sehr darauf ankommt, daß wir uns eilen zum Kultdienst zu gehen, sondern in erster Linie die Menschen zu sehen, die uns begegnen. Wie Jesus damals auf dem Weg nach Jerusalem war, so sind wir es auch noch heute. Wir sind unterwegs nach dem himmlischen Jerusalem, auf dem Weg zu Gott, weil dieses Leben nach dem Tod nicht vorbei ist. Hoffentlich aber erkennen wir recht bald, daß wir uns in einer Sackgasse befinden, wenn wir keinen finden, dem wir helfen könnten. Der Weg zu Christus ist mühselig. Das heißt, weil wir ihn nicht in einem Stück gehen können. Wenn der Nachbar von nebenan eine kranke Frau hat, die er nicht allein lassen kann, dann ist es eben erst unsere Pflicht, solange bei ihr zu bleiben, bis der Nachbar auch mal in der Kirche war. Jesus will nicht, daß wir ihm singen, du bist meine Stärke und unsere Mitmenschen diese Kraft nicht spüren lassen. Wo zeigen wir, daß wir wirklich Jesu Kraft empfangen haben?

Oder wenn da ein Mensch verunglückt, dann ist es überhaupt nicht wichtig, ob wir einmal unpünktlich zur Arbeit kommen. Erst ruft Jesus in diesem Menschen um Hilfe. Hören wir diese Hilferufe? Oder ist unser Ohr taub geworden? Wir regen uns auf, wenn der oder die »etwas Unmögliches« getan hat. Warum haben sie es getan? Vielleicht deswegen, weil wir nicht vorher gehört haben, daß sie uns gerufen haben? —

Erst dann, wenn wir wirklich versucht haben, dem anderen Menschen zu helfen, können wir um Gottes Beistand flehen. Gott hat keine anderen Hände als die unsrigen! Er will, daß die Menschen durch uns seine Liebe erfahren. Wir sind der Ort des Heils für den anderen. Durch unsere direkte Hilfe soll der andere Mensch Gott erkennen und an ihn glauben lernen. Durch uns soll er erkennen, wie groß und stark Gott ist. Er soll sehen, daß Gott uns »armen Würstchen« die Kraft gibt, zum Heil für die anderen zu werden.

Und noch etwas anderes können wir aus der heutigen Perikope lernen: Jesus nimmt nicht zurück, was er einmal geschenkt hat. Wie leicht sagen wir doch: dem habe ich zehnmal geholfen, aber jetzt hört es auf. Noch nicht einmal Dankeschön kann dieser Mensch sagen! — Warum sagen wir nicht für ihn das Dankeschön? Ein Dankeschön an Gott, der uns geholfen hat, daß wir diesem Menschen helfen konnten? Oder vielleicht sagt er es auch deswegen nicht, weil er spürt, daß er »unser tägliches Werk der Barmherzigkeit« war. Darauf kann er wirklich verzichten. Fangen wir doch endlich damit an, für den anderen der Ort des Heiles zu werden. Der Ort für sein menschliches Heil, über das er vielleicht den Weg zu Gott finden kann. Wenn uns das nicht gelingt, sollten wir fragen, ob wir wirklich glauben, oder ob unser Glaube nur traditioneller Kult ist.

Lassen Sie uns aus dem heutigen Evangelium diese beiden Punkte sehen: einmal, daß wir diejenigen sein sollen, durch die unsere Brüder den Glauben an Gott finden können. Und seien wir mit unserem Urteil vorsichtig, wenn andere »unmöglich« oder »undankbar« erscheinen; fragen wir uns lieber nach dem Maß unserer eigenen Liebe oder Schuld.

Gebet

Herr, in Deiner Liebe schenkst Du uns die Kraft zum Miteinander. Du bist Grund allen Handelns, das dem Mitmenschen Heil schafft. Wenn Spannungen unüberwindbar scheinen, ist es Dein Geist, der uns neue Wege zeigt. Für diese Kraft danken wir Dir, da wir alleingelassen keinen Frieden schaffen können. Zugleich aber bitten wir Dich, bleibe bei uns, wenn wir keine Geduld zeigen, zeige uns den Weg, wenn wir hoffnungslos einander gegenüberstehen und segne uns, wenn wir tun, was Deinem Willen entspricht. Amen.

»Gott schafft Recht«

Ansprache

Für manchen Menschen wäre seine Lebenssituation nicht zum Aushalten, gäbe ihm nicht die Hoffnung auf die Gerechtigkeit in einer anderen Welt die Kraft zum Durchstehen.

Da ist einer, der sich sein Leben lang für eine Gemeinde eingesetzt hat. Nun wird die Gemeindeleitung in andere Hände übergeben und ihm wird seine Aufgabe genommen, weil er zu alt sei. Da ist ein anderer, der sich ehrlich darum müht, mit seinen Nachbarn in gutem Einvernehmen zu leben. Doch einer der Nachbarn bringt einen unbegründeten Verdacht gegen ihn auf, und plötzlich wird er von allen in der Straße isoliert. Hier geht es nicht um Rechtsprechung. Hier erwartet der Betroffene Gerechtigkeit. Aber niemand ist da, der ihm hilft, der ihn nach seinen Gefühlen befragt. — Er ist abgeschoben, sozial »kaltgestellt«, tot. Zuletzt hilft ihm nur noch das Wissen um die Gerechtigkeit in einem anderen Leben. — Aber wieviel Bitternis hinterläßt das bei dem Betroffenen, wieviele Hoffnungen werden zerstört, menschliches Zusammenleben mit den Füßen getreten.

Ganz anders das Handeln Gottes. Gott sieht nicht nur das äußere Tun der Menschen; er schaut auf die Gesinnung, aus der heraus wir handeln. Seine Maßstäbe sind nicht die, die das Sprichwort meint »Was du nicht willst, das man dir tu', das füg' auch keinem anderen zu!« Er geht weiter: »Was du von anderen erwartest, das tu' auch für sie!« Ja, die Steigerung dessen zeigt sich in seinem Leben: bedingungslose Liebe ohne Gegenerwartung, nur ein Angebot eines Weges, eines neuen Lebensstils.

Gerechtigkeit, die Gott schafft, ist das Geschenk der Liebe in übergroßem Maß. Diese Liebe fragt nicht: Hätte ich noch mehr verdient? Diese Liebe genügt, weil sie mehr schenkt als man hoffen kann. In diesem Geschenk liegt auch die Wurzel der Gerechtigkeit, die der geliebte und liebende Mensch weitergeben kann und soll: »Der erste Schritt«.

Natürlich fällt es nicht leicht, immer den ersten Schritt zu tun. Wenn zwei Nachbarn schon jahrelang miteinander verfeindet sind, deutet es mancher als ein Zeichen der Schwä-

che, wenn er den ersten Schritt zur Versöhnung tun soll. Wer es einmal versuchte, der weiß, welche Selbstüberwindung dieser Schritt kostet, die Gefahr, vom anderen zurückgestoßen zu werden, mißverstanden, ausgelacht.
Und doch macht dieser erste Schritt frei. Wenn er getan ist, kommt man wieder miteinander ins Gespräch, wo jahrelang selbst ein Gruß verstummte. Gott hat den ersten Schritt auf uns hin getan: er sandte seinen Sohn. Aber die Versöhnung zwischen Gott und Mensch wurde nicht von der ganzen »Familie« angenommen. Er wurde hingerichtet. Und doch verspricht er noch mit ausgestreckten Händen am Kreuz, daß seine Liebe ungebrochen sei. Als der Auferstandene erneuert er sein Versprechen und sendet seine Jünger als Boten dieser Liebe in die ganze Welt.
Es ist also nicht sinnlos, die Gerechtigkeit Gottes zu erwarten und zu verkünden, die nicht nur in einer anderen Welt erfahren wird, sondern jedem möglich, der sich auf den Weg Gottes einläßt, auf das Wagnis zum ersten Schritt.

Fürbitten

Herr, unser Gott, unser Handeln richtet sich nach Maßstäben, die von Menschen gesetzt wurden. Oft wird darum Recht mit Gerechtigkeit verwechselt. Wir bitten Dich:

Schenke uns Deinen Geist, wenn wir Maßstäbe suchen für unser Schaffen.
Laß Deine Liebe einzige Norm sein, nach der wir uns richten.
Leite uns, wenn wir urteilen und weise uns zurecht, wenn wir verurteilen.
Denn Du bist erfüllt von einer Liebe, die tiefer sieht als nur das äußere Tun des Menschen. Entzünde uns mit dieser Liebe, die allein der Weg sein kann. Amen.

30. Sonntag im Jahreskreis (Lk 18, 9-14)

»Gott, sei mir Sünder gnädig!«

Betrachtung

Wer möchte nicht »ganz groß rauskommen«? Wer freut sich nicht, wenn in der Presse über ihn berichtet wird, er öffentlich Dank, Ehre und Achtung erfährt? — Das ist ganz natürlich. Es stärkt das Selbstbewußtsein, spornt an zu weiterem Einsatz für eine gute Sache.
Natürlich gibt es auch die krankhafte Sucht nach Anerkennung, die einem verweigert wird. Vielleicht sieht man sie auch nicht, weil man nur sich selbst sieht.
Von vielen Heiligen berichtet ihre Lebensdarstellung, daß sie eigentlich nie mit sich zufrieden waren, immer mehr tun wollten. Einige von ihnen suchten sehr oft das Beichtgespräch, weil ihnen ihr Versagen unerträglich war. Und doch sind wir manchmal geneigt, gerade das anzufragen: Wenn der schon im Bewußtsein lebte, er habe nur Fehler begangen, wie weit entfernt bin dann ich!
Unsere Rechtsprechung räumt Kindern und Jugendlichen ein, daß sie nicht volle Verantwortung für ihr Handeln tragen können, weil sie die Folgen noch nicht übersehen konnten. Für einen Erwachsenen ist es schon schwer, will man ihm geminderte Einsicht bescheinigen.
Ich glaube, daß dies für den Bereich unseres gesamten Lebens gilt. Nicht nur dort, wo Fehler gemacht oder Straftaten begangen wurden. Auch der Alltag ist gefüllt von regelmäßigen Akten menschlichen Denkens und Tuns. Gilt nicht auch, daß ein »reifer« Mensch sich besser einschätzen kann als einer, der mehr in den Tag hineinlebt? Dabei geht es sicher nicht um die ebenso gefährliche Art, »sich immer in Gewalt« zu haben, nichts »Unbedachtes« zu tun — daraus wird allzu leicht berechnendes Verhalten, das auch das menschliche Gefühl nur gezielt einsetzt. Nein, das sich immer besser Kennen- und Verstehenlernen ist gemeint, das sich orientiert am Leben Jesu, der dem eigenen Leben Inhalt, Ziel und Sinn verleiht. Je mehr ich mich aber an ihm orientiere, um so deutlicher spüre ich meine Unzulänglichkeit. Sich an ihm zu orientieren heißt nicht, sich an ihm zu messen, heißt nicht, krankhaft einem Bild nachzueifern. Jesus zu folgen und sich an ihm zu orientieren heißt viel-

mehr, Gott in sich Mensch werden zu lassen und so das Wort des Paulus zu verwirklichen: Ihr seid Tempel des Heiligen Geistes.

Wie ein Tempel, eine Kirche, zur Ehre Gottes erbaut ist und den Menschen zur Auferbauung dienen soll, so auch unser Leben. Je mehr ich mich von Gott durchdringen lasse, um so mehr werde ich Größe und Unzulänglichkeit spüren. Um so mehr aber werde ich Vertrauen spüren in Gott, der mich hält und ehrlicher zu ihm sprechen: Gott, sei mir Sünder gnädig!

31. Sonntag im Jahreskreis (Lk 19, 1-10)

»Bei einem Sünder ist er zu Gast«

Betrachtung

Jesus wird unglaubwürdig.
Er behauptet, der Sohn Gottes zu sein und geht zu einem Sünder, einem »Halsabschneider«, der die allgemeine öffentliche Ablehnung verdient.
Der schlechte Umgang könnte ihm schaden.
Ob er sich einen Vorteil davon verspricht, wenn er mit solchen Typen Umgang pflegt?
Warum tut er es?

Die Menschen können Jesus nicht verstehen.
Noch nicht.
Noch sind sie nur angetan von ihm.
Weil er so schön predigen kann.
Weil er alle möglichen Wunder tut.
Weil er sie von ihren Gebrechen heilt.
Weil er den Pharisäern die Meinung sagt.
Aber ihn haben sie nicht verstanden.
Natürlich soll er allen die Botschaft verkünden.
Natürlich soll er die Verlorenen retten.
Natürlich soll er ihr Meister sein.

Aber da muß man Unterschiede sehen:
Verlorene, das sind doch die Armen;
Kranke, das sind doch die Gebrechlichen, vielleicht noch die Aussätzigen.
Aber die Sünder?
Mit denen gibt sich ein rechtschaffener Mensch nicht ab.
Geschweige denn ein Gesetzeslehrer.
Und der will der Messias sein?
Politisch hat er noch gar nichts erreicht.
Die Römer bestimmen noch immer im Land.
In seiner Gefolgschaft — was sind das nur für Leute!
Aber heute hat er sich bloßgestellt!
Aus!
Ja, Jesus hat sich bloßgestellt.
Jesus hat an diesem Mann neu gezeigt, was der Wille Gottes ist.
Jesus hat dem Geächteten das Leben geschenkt.

Ist das nicht dasselbe, was er auch den Aussätzigen tat?
Ist das nicht eine Form des Todes, die er überwunden hat?
Der Zöllner war sozial tot.
Er stand außerhalb der Gesellschaft, verachtet, litt unter seinem Leben.
Heute ist ihm Heil widerfahren.
Heute hat er einen neuen Anfang erlebt.
Heute sieht er wieder eine Zukunft, eine Hoffnung, die ihn hält.
Wir stehen noch immer mit den Leuten vor dem Haus des Zöllners.
Noch immer können wir es nicht verstehen, wenn Jesus durch unsere Zeit schreitet.
Noch immer stören wir uns daran, wenn im Namen Jesu Außenseitern neue Hoffnung geschenkt wird.
Warum verzeihen wir nicht denen, die aus der Haft entlassen sind?
Warum sind unsere Pfarrgemeinden für Andersdenkende noch immer verschlossen?
Warum können wir noch immer nicht die »Arbeiterpriester« verstehen?
Warum verurteilen wir die Teilnehmer der Friedensbewegung noch immer pauschal als »Linke«?
Warum passen Kriegsdienstverweigerer noch immer nicht in unser Bild?
Warum tragen noch heute hochentwickelte Länder ihre Streitigkeit mit Waffen aus?
Welche Prinzipien zählen?
Warum segnen noch immer Priester die Waffen?
Warum?

Jesus wird auch heute noch gekreuzigt.
Jesus ist noch immer ein Außenseiter.
Jesus geht noch immer zu den Verlorenen.

Sollten nicht wenigstens wir mit ihm gehen?
Aus der wartenden Masse heraustreten und mit ihm in das Haus des Verlorenen gehen?
Sollten nicht wenigstens wir wie er Partei für die ergreifen, die tot sind?
Tun wir es bald!
Die Welt braucht Zukunft.

31. Sonntag im Jahreskreis (Lk 19, 1-10)

Die Welt braucht Gott.
Die Welt braucht Menschen, die wie Jesus die Schwelle des Todes überschreiten.
Darum müssen wir mit ihm gehen, Zeichen setzen, denen auch heute widersprochen wird.
Aber die Menschen brauchen diese Zeichen, brauchen gerade heute Menschen, die wie Jesus die Enge des Geistes überwinden.
Er ist der einzige Weg zur Zukunft.
Schenken wir den Menschen seine neue Hoffnung, weil er auch noch heute in der Welt lebt.

32. Sonntag im Jahreskreis (Lk 20, 27-38)

»Er ist kein Gott der Toten«

Einführung

Der Heuchelei und Scheinheiligkeit hat Jesus, den Kampf angesagt. Wer Religion zu seiner Selbstbeweihräucherung mißbraucht, verfehlt sich an Gott und an der Gutgläubigkeit seiner Mitmenschen. Christlicher Glaube kann nie und nimmer mit Lüge und Unwahrheit paktieren. Nicht die Quantität unserer Gaben und der registrierbaren Leistung, sondern die Qualität der Gesinnung ist entscheidend. Wer notleidende Mitmenschen nur deshalb unterstützt, um in den Schlagzeilen der Zeitungen zu glänzen, hat seinen Lohn bereits. Mag die Gabe, wie die der »armen Witwe«, noch so klein sein, Gott wiegt nicht den finanziellen Wert, sondern die Gesinnung, die alles zu verschenken bereit ist, und die arm sein will, um reich für andere zu sein.
Herr, Du bist gekommen, um uns zu einer liebevollen und hilfsbereiten Gemeinde zu machen.
Herr, erbarme Dich unser.
Du bist in unserer Mitte, um uns immer wieder Leben, Geist und Inhalt unserer Überlegungen zu sein.
Christus, erbarme Dich unser.
Du wirst uns einst nicht nach dem bewerten, was wir tun könnten, sondern danach, was wir getan haben und aus welcher Gesinnung heraus es geschah.
Herr, erbarme Dich unser.

Ansprache

Ein komisches Evangelium, werden Sie gedacht haben. Aber es geht darin um eine Frage, die für uns die entscheidende und die Glaubende und Nichtglaubende unterscheidenste Glaubensfrage geworden ist: Gibt es über den Tod hinaus eine Zukunft? Oder ist es so, daß der Mensch — wie das Tier — mit seinem Tod wie eine abgebrannte Kerze erlischt und im Sterben in das große Nichts hinein verlöscht? Die Sadduzäer, liberale jüdische Schriftgelehrte, sind der Überzeugung: Der Mensch endet im Tod voll und ganz; es gibt für ihn über den Tod hinaus keine Zukunft. Sie halten es also mit den Griechen von Korinth: »laßt uns essen und trinken, denn morgen sind wir tot« (1 Kor 15, 32).

32. Sonntag im Jahreskreis (Lk 20, 27-38)

Die Pharisäer dagegen waren der Überzeugung: Der Gläubige hat ein Leben nach dem Tod zu erwarten; aber dieses kommende Leben ist nichts anderes als eine Fortsetzung des irdischen; es geht im wesentlichen unverändert weiter, nur schöner, ohne Leid, in lauter Freuden; man ißt und trinkt, nur etwas sorgloser; man heiratet und wird geheiratet, nur mit mehr Hoffnung auf Glück und mit weniger Risiko.
Da haken nun die Sadduzäer ein: sie konstruieren einen Fall, der diesen Glauben lächerlich macht: Gesetzt der Fall, eine Frau hatte in diesem Leben sieben Männer, und zwar nach Gesetz und Ordnung, denn jeder der Männer starb ihr. Welcher dieser Männer wird nun im kommenden Leben ihr Mann sein? Oder wird sie sich gar nicht mit allen sieben herumschlagen müssen? — Mit dieser Trickfrage dürfen sie gewiß sein, die Lacher auf ihrer Seite zu haben und diesen Jesus, der sichtlich auf der Seite der Pharisäer steht, zu blamieren.
Jesus gibt eine zweifache Antwort:
1. gegen die Pharisäer:
sie täuschen sich, denn sie denken zu primitiv über das, was Gott denen bereitet, die ihn lieben. Bei der Auferstehung kehrt der Mensch nicht einfach in jenes Leben zurück, das er eben im Tod verlassen hat. Im Sterben beginnt vielmehr ein völlig neues Dasein: die Teilnahme am ganz anderen Leben Gottes. Das kommende Leben ist vom irdischen nicht etwa nur so verschieden wie das Leben des armen Lazarus von dem des reichen Prassers. Wer gewürdigt ist, an der Auferstehung teilzunehmen, lebt völlig neu, »den Engeln gleich«, die nicht sterben, denn sie sind »als Auferstandene zu Söhnen Gottes geworden«. Für sie gelten nicht mehr die Gesetze der irdischen Welt.
Jesus sagt also den Sadduzäern: Ihr habt keine Ahnung von den Möglichkeiten der Allmacht und Liebe des Gottes, der seine Geschöpfe nicht zur Endlosigkeit ihres Alltagslebens verurteilt, der vielmehr seine Geschöpfe in sein eigenes Leben und Lieben hineinnimmt, in ein Leben göttlicher Dimensionen und göttlicher Unendlichkeiten.
Ist nicht auch unsere Vorstellung vom Himmel arm und primitiv? Sie kennen alle die Geschichte vom »Postmeister im Himmelreich«, in der Ludwig Thoma diese naiven Vorstel-

lungen — sicher mit Recht — auf Münchner Art bespöttelt. Der arme Münchner wird vom lauschigen Biergarten aus unvermittelt in einen Himmel versetzt, mit dem er rein gar nichts anfangen kann. Anstelle des gemütlichen Biergartens befindet er sich nun auf Wolken, auf denen Engelein herumflattern und ihm den Befehl geben, zu frohlocken und Alleluja zu singen, was begreiflicherweise gar nicht nach seinem Geschmack ist. Auf diesen reichlich langweiligen Himmel kann er nur mit »Alleluja-sag-ich« reagieren und schauen, ihn möglichst schnell wieder mit einer Maß Bier und einem Schnaderlhüpfl zu vertauschen. — Hat Ludwig Thoma, der in seiner »Heiligen Nacht« auf schöne Weise seine christliche Gläubigkeit verrät, das verspottet, was ihm sein Religionslehrer »Kinderlein« über den Himmel erzählt hatte? Eine kommende Welt, die nur eine möglichst langweilige Fortsetzung unseres Alltagslebens darstellt, ist wirklich kein erstrebenswertes Ziel.

Jesus gibt eine zweite Antwort gegen die Sadduzäer:
Er schlägt sie mit ihren eigenen Waffen. Sie haben sich auf Moses, ihren großen Gesetzgeber, berufen. Aber hat nicht schon Moses nach seiner Gottbegegnung am brennenden Dornbusch diesen Gott den »Gott der Lebenden und nicht der Toten« genannt? Wenn er der Gott der Lebenden ist, dann kann doch seine Allmacht nur den einen Sinn haben, seine von ihm geschaffenen und geliebten Geschöpfe in sein eigenes Leben zu rufen. Der Gott Abrahams, Isaaks und Jakobs ruft seinen Geschöpfen das Wort zu: »Ich lebe, und auch Ihr sollt leben!« Der lebendige Gott selber wird zum Garanten eines neuen Lebens und einer neuen Welt. Er allein erweist sich mächtiger als der Tod. Jesus spricht selbst in das Sterben hinein: »Seht, ich mache alles neu!«
Was bedeutet uns diese Jesusbotschaft?
Wir sind neu gerufen, uns zu entscheiden, wem wir glauben wollen: den Predigern einer sadduzäischen Diesseitigkeit, wie sie Bert Brecht ausspricht: »Laßt Euch nicht verführen ..., Ihr sterbt mit allen Tieren und es kommt nichts nachher«, oder jenem Jesus, der im eigenen Sterben erfahren hat, daß der Mensch auch im Tod nicht herausfällt aus den bergenden Händen des lebendigen Gottes, sondern gerade im Sterben von diesen Händen aufgefangen und hinüberge-

tragen wird in das neue Leben einer ewigen Liebe. Unsere Entscheidung ist eine Entscheidung für Gott — oder für den Tod.

Gebet

Der Tod ist überwunden durch Dein Hinabsteigen am Karfreitag. Durch die Dunkelheit der Hoffnungslosigkeit, der Einsamkeit und des Todes hast Du uns den Weg gebahnt. Du bist das wirkliche Leben. Mit Dir gehen wir und wissen, daß wir zu keinem utopischen Ziel gelangen, sondern dem Leben, das alle Ängste überwindet. Nimm uns an Deine Hand und führe uns, wenn Trostlosigkeit, Verzweiflung und Trauer uns bedrücken. Zeige uns Deine Nähe, wenn wir fernab in Einsamkeit gehen und führe uns, wenn wir verirrt umherschweifen. Denn Dir gehört unser Hoffen, auf Dich richtet sich unser Glaube, Du bist Sinn und Ziel lebensschaffender Liebe. Amen.

»Bleibt standhaft, und Ihr werdet das Leben gewinnen!«

Betrachtung

Unser Glaube ist ein Risiko. Das wußten wir schon, als wir begannen, uns mehr für die Verwirklichung einzusetzen. Heute sind wir wieder ein Stück weitergegangen. Wir haben in vielen Gemeinden Zentren geschaffen, wo Menschen sich wohlfühlen, zu Hause sind — nicht nur Zentren aus Stein. Und doch begegnet uns manche Situation, in der wir unseren Glauben zu verlieren drohen, weil wir zu wenig Antwort verspüren. Wenn wir die politische Entwicklung betrachten, möchten wir lieber wieder zu den »Fleischtöpfen Ägyptens«, der gewohnten Sicherheit, zurückkehren. Welche Angst haben wir vor einem drohenden Atomkrieg, wie wenig Hoffnung auf Zukunft vermitteln wir da!
Die Communität »Casteller Ring« (am Schloß Schwanberg, Rödelsee/Unterfranken) hat eine herrliche Spruchkarte herausgegeben, die der Hoffnungslosigkeit begegnet:

> »Seid ohne Furcht,
> wenn eines Tages die
> Kraft der Atome den
> kreisenden Erdball
> zersprengen sollte,
> dann wird sie doch nichts
> sein gegen jene Gewalt,
> die den Stein vom Grabe
>   hinwegwälzte.
> Christus hat einmal
> den Tod besiegt, alles
> Grauen währt nur bis
> zum dritten Tag und
> jede Vernichtung ist
> eingeschlossen in Seine
>   und unsere
> Auferstehung.«

Hierin wird die nachösterliche Hoffnung lebendig! Und »nachösterliche christliche Gemeinde« — das ist doch unser wirklicher Name! Wir gehen nicht mehr wie Abraham ins

Ungewisse. Jesus lebt. Er hat die Welt überwunden. Er hat sich als der Auferstandene gezeigt. Wir brauchen nicht zurückzugehen in die Zeit des Alten Testaments. Unsere Hoffnung ist erfüllt in ihm.

Wenn immer Menschen in Angst und Hoffnungslosigkeit leben, wir können ihnen eine Antwort geben, die Zukunft schenkt und Leben. Jesus ist der Christus, der Heiland, jener, auf den hin alles sich entwickeln wird. Unsere Zeit ist auch seine Zeit. Und wenn Menschen einander in Liebe begegnen, dann verkünden sie seine Liebe, sein Leben, seine Zukunft.

Lassen wir uns anstecken, Mut fassen zur Verkündigung, frei werden zur lebendigen Botschaft von der Menschwerdung Gottes, in der für den Tod kein Platz ist.

34. Sonntag im Jahreskreis (Lk 23, 35-43)

»Christkönigsfest«

Betrachtung

Am heutigen Sonntag, dem letzten im Kirchenjahr, feiern wir das Fest »Christkönig«. Ich glaube, es fällt jedem von uns schwer, heute noch etwas mit diesem Begriff anzufangen. Immer mehr sehen wir in Christus den Helfer, den Außenseiter, der anderen hilft; die jämmerliche Figur, wenn er von den Verantwortlichen seiner Zeit verstoßen wird und dennoch denen hilft, die sich um ihn scharen. Wir wissen auch, daß man ihn schon damals zum König machen wollte, nachdem er alle gespeist hatte. Doch er entzog sich. Er wollte nicht zum König gemacht werden. In der Kirche, seiner Gründung, wurde posthum das vollzogen, wogegen er sich wandte. Es scheint alles nicht so recht in den Rahmen zu passen: Christus ein König.

Vielleicht fällt es uns leichter, wenn wir uns von dem Begriff »König« lösen, wie er aus vergangenen Zeiten her bekannt ist. Aber was bedeutet dann »König«? Lassen wir zunächst einmal den Begriff des unumschränkten, väterlichen Herrschers bestehen. Könige verlangen Rechenschaft von ihren Vasallen, indem sie nach der Abgabe der Steuern, Verteidigung des Besitzes und Zeichen der Unterwürfigkeit fragen. Christus aber tut dies nicht. Freilich anerkennen wir ihn als Herrn der Kirche, als unser Vorbild wegen seines untadeligen Lebenswandels und der Botschaft, die er uns brachte. Und vielleicht ist es besser, dies nichtssagende »König« in »Herr« umzubenennen.

Es scheint, als gäbe es zweierlei Christentum. Das eine läßt sich durch die Begriffe »Glaube«, »Taufe«, »Buße« andeuten, das andere durch die Begriffe »Nächstenliebe«, »Helfen«, »Gutestun«.

Der Richter, wie er uns im heutigen Evangelium beschrieben wird, scheint nur die zweite Art von Christentum zu kennen. Nach Glaube, Taufe, Bußübungen fragt er nicht; nicht nach Gebet, Sakramentenbesuch, Teilnahme am Gottesdienst.

Jesus selbst findet zwischen Gottesverehrung und Nächstenliebe keinen Widerspruch. Denn im Hauptgebot setzt er beides gleich: »Du sollst den Herrn, Deinen Gott, lieben aus Deinem ganzen Herzen. Dies ist das höchste Gebot. Doch ein anderes ist diesem gleich. Du sollst Deinen Nächsten lieben wie Dich selbst«. Also nicht erst an zweiter Stelle, beide Gebote stehen auf einer Stufe; sie bilden zusammen das eine Hauptgebot der Gottes- und Nächstenliebe, das Gebot der Liebe überhaupt.

Vereinfacht läßt es sich so sagen: Wer ein Geschöpf uneigennützig ehrt, der ehrt damit den Schöpfer dieses Geschöpfes und dient seinem Willen.

Jesus selbst anerkennt und praktiziert ebenso die »direkte« Gottesverehrung im Kult und Gebet. Denn immer finden wir ihn im Tempel, in der Synagoge, beim Gebet.

Im Konfliktfalle gibt er aber der Hilfe für das leidende Geschöpf den Vorrang. Für ihn sind Gebet und Glauben auch »direkt« im Menschendienst enthalten: Wenn wir demnach einem anderen helfen, ist es Gottesdienst, vorausgesetzt, daß dieses Helfen nicht aus Mitleid geschieht, nicht weil man sich dadurch auch einmal Hilfestellung verspricht, sondern immer dort, wo dem anderen geholfen wird, weil er eben Hilfe braucht. Auch ein Schielen nach späterem Dank »im Himmel« kann die Hilfe nur kürzen, weil sie egoistisch ist.

Der Theologe G. Söhngen sagt: »Nächstenliebe ist, solange wir in dieser Welt sind, das ›Pilgerkleid‹ der Gottesliebe«.

So gesehen, heißt mit Jesus glauben, daß uns in jedem hilfsbedürftigen Menschen der Schöpfer entgegentritt, der alle seine Geschöpfe liebt und will, daß sie auch einander lieben.

Taufe heißt dann Entscheidung für diesen Weg, nicht Vorbeikommen an der Forderung dieses Evangeliums. Buße ist die Rückbesinnung auf das, was wir im Glauben akzeptiert haben und stete Ausrichtung auf diesen Weg.

Mit einer solchen Theologie werden zweifellos auch viele Humanisten als »anonyme Christen« anerkannt. Doch wer von uns kann denn die innersten Beweggründe eines Menschen beurteilen? Letztlich weiß doch nur Gott, welche Vorstellungen ein Mensch leugnet, wenn er sagt: Es gibt keinen Gott.

Jedoch liegt es auch nicht bei uns, einen Humanisten doch noch »irgendwie« als Christen erfassen zu wollen. Es wäre ungerecht, da wir aus freier Entscheidung leben, die niemand »vereinnehmen« kann.

34. Sonntag im Jahreskreis (Lk 23, 35-43)

Welche Stelle nimmt Christus ein? Er ist der Herr im ureigensten Sinn des Begriffes. Er ist kein willkürlicher König, sondern er wird zum letzten Ziel des Menschen, zur Stelle der Entscheidung für oder gegen ihn. Dann kann dieser Herr auch einmal fragen: Hast Du mich in Deinem Nachbarn gefunden, dem Du hast Hilfe zukommen lassen? Oder aber hast Du mich bekämpft, indem Du gegen Deine Umwelt nur Haß und Zwietracht sätest?

»Tag der Ewigen Anbetung«

Ziel: Das Gebet ist eine Lebenshaltung des von Gott ergriffenen Menschen, der sich das Anliegen Gottes zu eigen macht und in seinem Leben für Gott Zeugnis gibt. Dazu muß sich der Mensch ganz öffnen, um Gott zu hören und zu erhören.

Vielleicht mag es manchen unter uns geben, der sich fragt, was soll in unserer Zeit nach ein TAG DER EWIGEN ANBETUNG!
Das ist doch Sache von Kindern und alten Leuten; erstens hat man als berufstätiger Mensch sowieso keine Zeit für solche Dinge und zweitens: Was soll es auch? Durch die paar Stunden Gebet wird die Welt auch nicht besser.
Manchen Menschen, der so denkt, kann ich gut verstehen: Ist doch in der Folge unserer Gebete tatsächlich nur selten ein direkter Erfolg abzusehen. Und wenn man glaubt, daß Gott einen doch endlich einmal erhören müßte bei all dem guten Willen, den man immer zeigt, ja dann kann man schon verzweifeln — oder den Glauben an die Macht des Gebetes aufgeben.
Aber ist das Gebet dadurch wirklich genügend erklärt, daß es das Gespräch eines suchenden Menschen mit Gott ist? Reicht es aus, wenn man unter Gebet das Bitten für eigene Anliegen oder die Anliegen der Welt versteht? Reicht es aus, wenn ich das Gebet als die Zeit der Betrachtung oder Meditation ansehe, die mir Muße, Kraft und Ruhe schenkt für die Aufgaben meines Alltags?
All dies ist — für sich allein genommen — nur e i n Teil des Betens!
Als Menschen, die nicht planlos oder sinnlos in den Tag hineinleben, fragen wir uns immer wieder. Und gerade das Fragen des Menschen zeichnet ihn aus als über den übrigen Geschöpfen stehend; denn die Möglichkeit zu fragen, zu forschen und nach Antworten zu suchen, ist nur dem Menschen als Krone der Schöpfung gegeben, als Abbild jenes göttlichen Geistes, für den Raum und Zeit, begrenzende Dimensionen, nicht existieren.
Die unendliche Größe Gottes spiegelt sich ein wenig wider in den Erfolgen menschlicher Genies. Und dennoch bleibt uns

das Fragen, das Suchen; und wir stoßen an die Grenzen des menschlich Machbaren, suchen das Metaphysische, das Unendliche, das Unverrückbare — letztlich *die* Antwort auf die Fragen menschlicher Existenz.

In diese Situation hinein ist uns die christliche Botschaft ein Ja, eine Verpflichtung für uns, um ihn zu finden, der uns gerufen hat. Angebot und Einladung. Ob wir uns mit ihm versuchen, ob wir seine Spuren gehen, ob wir die Wahrheit seiner Botschaft aufspüren — wir werden erleben, daß sich Gott als der erweist, der den Menschen in Wort und Tat verbunden ist. Der Mensch, der sich auf seine Botschaft einläßt, wird zum Partner Gottes und entdeckt bei der Suche nach seiner Identität neu Antworten auf die Fragen: Wer bin ich? Welche Rolle habe ich? Welchen Sinn hat mein Leben? Welchen Sinn hat das Dasein?

Vielleicht ist es Ihnen auch schon so ergangen, daß plötzlich Texte einer Andacht, irgendeines Gebetes für Sie so ganz fern waren; Sie konnten dem Inhalt einfach nicht folgen, konnten diese Texte einfach nicht ehrlich sprechen. Sie beteten vielleicht mit, um nicht aufzufallen, oder um in der Gemeinschaft Halt zu finden, die das alles scheinbar so überzeugt beten konnte. Sie suggerierten sich Schuld, Sündhaftigkeit, Gottesferne.

Aber ist Ihnen nicht auch schon gesagt worden, daß die Botschaft Gottes eine Botschaft der Freude ist, der Befreiung, des Friedens und eine Botschaft für den Menschen in seiner konkreten Situation? Da muß die Ursache für ein derartiges Erlebnis nicht unbedingt nur bei Ihnen liegen, vielleicht auch in einer Form, die Ihnen nichts sagt.

In einem Buch von Louis Evely, einem belgischen Theologen, fand ich einen Stz, der mir viel zu denken gab, der aber gerade zu diesen Überlegungen paßt: »Gebet«, so sagt Evely, »ist nicht, daß wir von Gott erhört werden, sondern daß wir Gott erhören«. — Sicher werden auch Sie zunächst denken, daß dies doch eine Umkehr sei, eine Überheblichkeit gegen Gott. Aber bei näherem Betrachten müssen wir zugeben, daß die Grundvoraussetzung für ein aufrichtiges Gebet die Zeit ist, die man sich für Gott nimmt. Erst wenn es uns gelingt, einmal alles um uns her ausklingen zu lassen, werden wir frei für Gott. Und in diese Stille hinein spricht Gott. Er spricht auch in die Hektik unseres Alltags, aber wir hören ihn nicht; er spricht beim gemeinsamen Mahl unserer Familien, aber da ist gerade ein Disput — und wir hören ihn nicht; er spricht zu uns am Stammtisch, aber wir hören ihn nicht. — Gott spricht allezeit, denn er hat keine Pause, keinen Urlaub. Mit unseren menschlichen Maßstäben können wir uns das nicht erklären, es wird ein ewiges Geheimnis bleiben; manchmal, ja, da haben wir es schon einmal gespürt, haben ganz deutlich gemerkt: jetzt bin ich angesprochen, ich soll etwas ganz bestimmtes tun, vielleicht sogar mein Leben ändern — ein Anruf, dem wir uns nicht entziehen konnten. Gott ist immer gegenwärtig. Ist mir das eigentlich bewußt? Ist es mir einsichtig, daß er mit mir auf der Straße geht, daß er neben mir in der Turbinenhalle steht bei dem Lärm der Motoren, der fast taub macht; ist es mir bewußt, daß er da ist, wenn ich ein Kind schlage, weil es sich aufbäumt gegen eine Lebensart, die ihm nicht liegt, vielleicht auch, weil es sich zu wenig angenommen fühlt; ist es mir bewußt, daß Gott bei mir ist, wenn ich dem Chef einen Unfall wünsche, weil ich seine Art nicht länger ertragen kann? — Und doch ist er nicht der »Aufpasser« oder »Spitzel«, der mich bei Gelegenheit zurechtweist.

Aber er ist vielleicht der Mensch, der neben mir geht, der Nachbar, der mich »auf 80« kommen läßt, wenn ich ihn nur sehe; vielleicht ist er der Verunglückte, der meine Hilfe gebraucht hätte, an dem ich aber vorüberfuhr, weil ich es so eilig hatte; vielleicht aber begegnet er mir auch in dem Menschen, der mir sagt, daß ich immer so liebevoll bleiben möge wie in diesem Augenblick.

Gott ist unberechenbar; aber er ist jederzeit für uns da; er ist wie die Hand, die sich uns entgegenstreckt. — Aber beachten wir ihn?

Der Tag des Ewigen Gebetes kann uns in diesen Überlegungen eine große Hilfe sein. Eine Zeit aus der Zeit, die Gott uns geschenkt hat, damit wir sie nutzen; eine Zeit aus der Fülle der Tage, die wir mehr oder weniger gut für unsere Brüder, unsere Familie, unsere Kinder, unsere Nachbarn hier und in den Ländern der Dritten Welt nützen, Zeit, die uns gegeben ist. Ist es nicht gerecht vor Gott, sich eine Stunde an diesem Tag freizumachen für das gemeinsame Gebet, für die Begegnung mit Brüdern, die wie wir unterwegs sind zu Gott, die auf der Suche sind nach der rechten Verwirklichung der christlichen Botschaft in ihrem Leben? Ist es nicht eine besondere Möglichkeit für die Anliegen unserer Familien, für ein neues gemeinsames Miteinander aus dem Geist der Botschaft Impuls zu empfangen in dieser Zeit? — Hier ist Christus wahrhaft gegenwärtig, weil wir in seinem Namen versammelt sind, hier begegnet er uns in dem Sakrament der Eucharistie. — Das gemeinsame Gebet — und die Zeit der Stille, wir sollten beides nützen, um uns neu anregen zu lassen von seiner Liebe.

Christus will in uns und durch uns Mensch werden zum Leben für die vielen, er will, daß wir anders leben, damit andere überleben, daß wir, von seinem göttlichen Wesen ergriffen, leben zum Heil der anderen. Ewige Anbetung — Zeit, nur ein Bruchteil, aber fruchtbar, wenn wir uns dem Ewigen öffnen.

Der Tag der Ewigen Anbetung kann uns neue Möglichkeiten schenken, auch in der Erneuerung unseres religiösen Lebens: Suchen wir, uns frei zu machen für Jesu Wort, ihn anzuhören in seinem Wort, ihn zu erhören, wenn wir seinem Wort durch unser Leben neues Leben schenken, sein Geist begleitet uns dabei, wenn wir nicht unsere Wege gehen, sondern seine, wenn wir nicht unsere Sprache sprechen, sondern seine Sprache der Liebe, wenn wir ihm begegnen wollen in den Menschen, wenn wir uns einfinden bei den Brüdern in der Gemeinde des Betens und in der wundervollsten Vereinigung mit ihm, der Eucharistie, wo er sich uns schenkt als Mitte menschlichen Lebens und als verbindendes Glied aller Menschen.

Ewige Anbetung ist daher ein Tag inmitten des ewigen Daseins Gottes, ein winziger Augenblick, in der Gottes Stimme uns erreicht, ein Tag, der uns zum Anfang werden kann im Bemühen um innige Vereinigung mit ihm und zur Gemeinschaft der Gemeinde.

Der Weg der Nachfolge der Gemeinde Jesu ist der Weg in die Freiheit. Im Gebet verwurzeln wir uns in diese Freiheit. Denn Beten macht frei, frei von jener Angst, die die Phantasie unserer Liebe verkümmern läßt und uns übermächtig auf die Sorge um uns selbst zurückwirft.

Lassen wir Gott nicht reden, ohne ihm zuzuhören! Begegnen wir ihm im Gebet, indem wir seine Anliegen zu unseren Anliegen werden lassen, hier in der Gemeinde und in der

Gemeinschaft der Menschen der Welt, die auf Jesus warten.
— Er lebt, bleiben wir nicht tot, sondern lassen wir uns durchdringen von ihm, damit das Leben der Menschen zu göttlichem Leben werde, wie es bestimmt ist in der Wesenheit Gottes und der Welt, die durch seine Liebe geschaffen ist.

»1. Mai«

Der erste Mai ist seit langem der Tag der arbeitenden Menschen. Dieser Tag soll uns Grund sein, eines Menschen zu gedenken, für den die Arbeiterfrage eines seiner Hauptanliegen war:
Bischof Wilhelm Emmanuel Frh. von Ketteler. Am 13. Juli 1977 jährte sich zum 100. Male der Tod dieses großen Bischofs. Alle, die sich um die Familie und den christlichen Geist in den Familien sorgen und bemühen, können Bischof Ketteler zum Anlaß einer Rückbesinnung auf die enge Verbindung nehmen, die für Ketteler zwischen der großen sozialen Arbeiterfrage des vorigen Jahrhunderts und der Situation der Arbeiterfamilie bestand. Ketteler stand an der Spitze der katholisch-sozialen Bewegung, von seinem Wirken nahm sie wesentlichen Ausgang.
Aus diesem Geist entstanden um die Jh-wende Wohnungsbaugenossenschaften. Das religiöse Leben im Bistum Mainz, dem er als Bischof 27 Jahre vorstand, nahm schon bald einen spürbaren Aufschwung. Wallfahrten förderte er, die religiösen Bruderschaften ließ er neu aufleben, die liturgischen Bücher wurden neu überarbeitet, zahlreiche Orden kamen zurück ins Land, zahlreiche Krankenhäuser, Waisenhäuser und Anstalten der Wohlfahrtspflege entstanden durch Kettelers unmittelbare Initiative.
Neben diesen Aufgaben, neben großem politischen Engagement, war eine große Sorge Kettelers, daß der Prozeß der Industrialisierung die natürlichen Gemeinschaftsformen mehr und mehr auflösen und den Arbeiter aus seinen bisherigen sozialen Bindungen und Stützen verdrängen könnte. In der zunehmenden gesellschaftlichen Isolierung des arbeitenden Menschen und seiner Familie erkannte Ketteler eine ganz besondere Gefahr der Ausbeutung und Unterdrückung. Darum betonte er immer wieder, daß keine andere Schicht den solidarischen Zusammenschluß zum sozialen Schutz nötiger hat als die Lohnarbeiterschaft. »Durch die Hilfe und den Schutz«, so Ketteler, »den die Verbindung dem Menschen gewährt, kann er erst seine volle Persönlichkeit entwickeln. Ohne dieselben hat er nicht den vollen Gebrauch der Kräfte und Fähigkeiten, die in seiner Persönlichkeit liegen. Der Mensch ohne die natürliche Verbindung ist

ein in seiner Persönlichkeit verkümmerter Mensch«. Ausgangspunkt für alle diese Überlegungen, die sich so fruchtbar im Wirken zeigten, war, daß Ketteler in seiner Kirchlichkeit, Religiosität und Frömmigkeit der großen Masse der frommen und kirchentreuen Katholiken nahestand und daß er deshalb stärker gewirkt hat als andere. Ketteler forderte mit großem Nachdruck, daß es keine doppelte Moral geben darf, eine für das Privatleben, eine für das öffentliche Leben, sondern daß sich die Moral des einzelnen auch im öffentlichen Leben zu bewähren habe. Sein persönlicher Leitsatz — den er Papst Puis X. um Jahrzehnte vorwegnahm — lautete: »Omnia instaurare in Christo — Alles erneuern in Christus«.

Wir würden das Gedenken an diesen großen Mann der Kirche nur als Lobeshymne verstehen und seinem Wirken ungerecht, wollten wir nicht auch überlegen, ob seine Zeit allein die Zeit des 19. Jh. war, ob nicht Folgerungen auch für die Situation in unseren Tagen angebracht sind. Immer wieder wird der Kirche der Vorwurf gemacht, sie habe die Arbeiter verloren, sie sei eine Kirche der Intellektuellen geworden, eine Kirche, zu der nicht zuerst der Getaufte Zutritt hat, sondern der Geisteswissenschaftler. Aus der Geschichte der letzten Jahrhunderte dagegen läßt sich nachweisen, daß gerade das soziale Bemühen immer wieder von der Kirche gesteuert und initiiert wurde bis es Einlaß fand auch in dem Denken der Politiker. Richtig ist aber andererseits auch, daß besonders in den 50er und 60er Jahren unsers Jhs. die Arbeiterfrage von der institutionellen Kirche kaum gesehen wurde. Erst das VAT. II und die Synoden verschiedener Länder weckten auch hier wieder den Geist der Erneuerung und der Hinwendung zu Familie und Arbeiterschaft.

Doch es darf uns heute nicht darum gehen, Fehler oder Leistungen aufzuzeigen, sondern erneut müssen wir uns darum bemühen, der gesamten Gesellschaft gerecht zu werden, Arbeitnehmern und Arbeitgebern, Jugendfragen genauso zu überdenken wie die Erneuerung der Familie aus dem Geist Christi heraus. Und es ist eine nicht mehr wegzudenkende Bewußtseinserweiterung durch das Vat. II geschehen, daß nämlich die Mündigkeit der Christen nicht nur ein Slogan, ein Schlagwort bleibt, sondern mehr und mehr zur Wirklichkeit wird im Engagement der Einzelnen.

Wohl den wenigsten dürfte noch im Gedächtnis sein, daß die Kirche schon seit alters her den 1. Mai als den Tag »Josefs des Arbeiters« begeht. Wenn wir uns überlegen, warum dieser Tag heute kaum noch kirchlich geprägt ist, dann müssen wir uns einmal kritisch mit dem Verhältnis von Kirche und Arbeit sowie Kirche und Arbeiterschaft auseinandersetzen.

Sicher paßt es gut, daß der 1. Mai oftmals in der Nähe des »Welttages der geistlichen Berufe« steht. Denn die Geistlichkeit kann sich nur verstehen als Diener der Gemeinde, gerade vom Theologischen her, den Gemeindemitgliedern immer wieder den geistlichen Halt, den Hintergrund für ihr Alltagsleben geben, damit die Verwirklichung des Evangeliums Jesu nicht nur Wort bleibt, sondern lebendig wird unter den Menschen oder — wie Ketteler sagt — alles erneuert werde in Christus.

Schauen wir uns die Schrift an, so finden wir eine positive Einstellung zur Arbeit, zum Tun des Menschen für eine bessere Welt, für ein besseres Miteinander.

Schon die Schöpfungsberichte sprechen vom Schaffen Gottes als beispielhaftem Tun: »6 Tage sollst Du arbeiten, am 7. Tage aber sollst Du ruhn«. Diese Aussage bringt heute große Schwierigkeiten: Wie soll ein Arbeiter mit gleitender Arbeitszeit oder mit Schichtdienst dem gerecht werden? Er muß auch Sonntagsdienst übernehmen, will er nicht seiner Firma schaden oder seine Arbeitsstelle verlieren. Früher war es Sitte, daß die Bauern ihre Pfarrer um Erlaubnis fragen mußten, wenn sie am Sonntag die Ernte nach Hause bringen wollten, um sie vor dem Regen zu retten. Doch mit der Automatisierung kam auch hier eine Weiterentwicklung. Dennoch läßt sich aus dem Auftrag Gottes erkennen: Achten wir darauf, daß wir nicht selbst zu Maschinen werden! Arbeit ist nicht Selbstzweck, sie muß dem Vorwärtskommen der Menschen dienen, d.h. aber auch, daß der Mensch an erster Stelle steht. Fragen wir uns doch: Wenn der Sonntag oder der Ruhetag n u r dem Ausschlafen dient, was haben wir dann schon davon? Was die Familie? — Sollte uns die Zeit nicht vielmehr wert sein, den Kontakt mit dem Ehepartner und den Kindern zu vertiefen? Könnte nicht ein Buch mehr Entspannung und geistiges Auftanken bringen als der Fernsehapparat?

Der paradiesische Auftrag: »Macht Euch die Erde untertan!« — was kann das anderes heißen, als daß unser Mühen, unser Streben darauf gerichtet sein muß, die Dinge der Welt zu durchschauen und sie in den Dienst der Menschen zu stellen, denn Gott schuf diese Welt. Und darum ist sie gut, darum ist auch alles gut, was auf ihr existiert — aber was haben wir Menschen nicht alles aus ihr gemacht? Nicht die Welt ist schlecht, wie wir allzugerne sagen, nein, das, was wir aus der Fülle des Gegebenen gemacht haben. Unsere größte menschliche Schwäche — vielleicht ist dies die Erbschuld — unsere Schwäche, immer wieder über andere Menschen herrschen zu wollen, andere uns dienstbar sein zu lassen, dieser große Fehler ist Grund für so viel Unschönes und Ungutes.
Die Welt und unser Wirken in dieser Welt ist von Gott gewollt. Doch wird Arbeiten längst nicht immer als befreiend, als Freude empfunden; eher stöhnen wir unter der Last der Arbeit, dem Streß, der Hektik. Bei der Vertreibung aus dem Paradies hatte Gott zu Adam gesagt: »Im Schweiße Deines Angesichts sollst Du fortan Dein Brot verdienen!« — Wie sich dieses Wort doch bewahrheitet hat! Wir alle haben es schon erfahren. — Aber ich glaube kaum, daß uns Gott aus Rache für Adams Benehmen bestrafen wollte. Vielmehr zeigt er doch in Jesus, daß wir Menschen Geschöpfe sind, die er liebt, deren Glück er will, die in Freude zu ihm aufschauen dürfen. — Ist es da nicht richtig, wenn wir Arbeitserleichterungen schaffen, für ein angenehmes Betriebsklima sorgen, damit die Schwere der Arbeit gemildert wird durch das gemeinsame Tun, durch ein freundliches Wort, durch eine hilfreiche Geste?
In den Gleichnissen Jesu kommt zum Ausdruck, daß verantwortungsvolles Arbeiten, Mitdenken, mit der ganzen Person für sein Wirken einstehen, daß solche Dinge dem göttlichen Auftrag der Arbeit für das Reich Gottes zu sorgen sehr nahe kommen. Ich erinnere an das Gleichnis vom ungerechten Verwalter, von den Talenten, vom Knecht, den der Herr bei seinem Kommen wachend findet — u.a.m. —. Machen sie nicht alle deutlich, daß unsere Arbeit dadurch zum Gottesdienst wird, daß sie den Menschen dient, so also dem göttlichen Willen entsprechend geschieht?
Auch Paulus, eine der markantesten Persönlichkeiten der

Urkirche, rühmt sich, seinen Unterhalt nicht aus Spenden der Gemeinden zu bestreiten, sondern durch die Tat, durch die Arbeit seiner Hände; er war Tuchmacher.

Wenn also die Arbeit gottgewollt ist und dem Wesen des Menschen entspricht, wenn von den ersten Christen berichtet wird, daß sie während der Woche arbeiteten und am Herrentag zur Feier des Mahles zusammengekommen waren, so müssen wir doch folgern, daß Gebet und Arbeit — ora et labora, wie es später die Klöster sagten — daß sie wesentlich zum christlichen Leben gehören, dann ist auch eine entsprechende Lebenseinstellung von einem Christen anzustreben.

Um so mehr wirft sich die Frage auf, warum das Verhältnis von Kirche und Arbeitnehmern belastet ist. Wir haben gesehen: Im Glaubensinhalt ist der Dienst der Liebe, die Arbeit und Hilfe für den Nächsten grundgelegt. Und doch zeigt sich schon nach der »Konstantinischen Wende«, nachdem die Christen ihren Glauben frei leben konnten, daß Schwierigkeiten auftraten. Dennoch blieb Gottes Geist in der Kirche lebendig. Immer wieder gab es Menschen, denen die Sorge für die anderen, für die Unterdrückten, mehr am Herzen lag als ein roter Taler oder ein höheres Amt in der Kirche — wie Bischof Ketteler.

Seine Gedankenwelt wird gerade heute wieder aktueller: Arbeitnehmer und Arbeitgeber arbeiten zusammen in Arbeitskreisen ihrer Gemeinden, treffen sich zu persönlichen Kontakten, alles erneuern in Christus, das scheint doch ein wenig mehr Wirklichkeit zu werden durch Menschen, die den Auftrag Jesu auch an sich gerichtet verstehen.

Kirche und Arbeit — beides hat dem Wohle des Menschen zu dienen, damit die Menschen wieder lernen, dankbar Gott zu preisen als den Geber all dieser Möglichkeiten. Wenn wir das von dem diesjährigen 1. Mai behalten, wenn wir spüren, daß die Sinnerfüllung der Menschen nur im Gesamt des Menschen liegt, im Tun, im geistlichen Rückhalt, dann wird auch das Bemühen vieler fruchtbarer werden, Feindschaften abzubauen zwischen Arbeitnehmern und Arbeitgebern, zwischen Werktätigen und Geistesarbeitern, denn dann wird uns deutlich:

»Ohne Dich, Herr, vermag ich gar nichts, mit Dir aber alles. Amen.«

»Denn ich will weiter — Nachfolge Jesu«

Betrachtung zu Epheser 3, 20-21

»Ihm aber, der durch seine Kraft, die in uns wirksam ist, überschwenglich mehr zu tun vermag als alles, was wir erbitten oder erdenken, ihm sei Ehre in der Kirche und in Christus Jesus bis in alle Geschlechter der Ewigkeit der Ewigkeiten. Amen« (aus: Jerusalemer Bibel).
Ist uns diese Wahrheit schon einmal aufgegangen?
Vielleicht haben wir eine ähnliche Situation erlebt, wie sie das Gedicht vom Steuermann John Maynard erzählt, der das brennende Schiff durch die wilde See bringt und das rettende Ufer erreicht; die Menschen, für die er es tat, sind gerettet, er selbst im Qualm erstickt. Er hielt aus, wo alle den Glauben an die Rettung längst aufgegeben hatten. Er war über sich hinausgewachsen, hatte mehr geleistet als das, was mancher ihm zugetraut und er selbst von sich angenommen hatte.
Nachher fragt man sich, wie habe ich das nur geschafft? Welche Kraft wirkte in mir, die ich vorher nicht kannte? Ist es nicht eine Erfahrung Gottes, wenn ich einmal den ersten Schritt zur Versöhnung hin tun kann, wenn auch im Herzen bange und am ganzen Leibe zitternd? Schnell sagen wir, »etwas« war in mir so mächtig, daß ich diesen Schritt tun mußte. Aber was ist dieses »etwas«?
Viele von uns werden in der täglichen Betrachtung immer wieder den Wunsch erleben, Gott möge ihnen doch die Kraft geben, dies oder jenes zu tun, was einem so übergroß, die eigenen Kräfte übersteigend, vorkommt. Und wenn dies gelingt, sind wir glücklich, daß wir es geschafft haben.
In dem Buch von Reshad Feild »Ich ging den Weg des Derwisch« (Fischer, Ffm. 1981, S. 78-96, hier: S. 83) erfährt Reshad durch seinen Lehrer Hamid schockierend die Wahrheit. Sie fahren in einem kaum mehr brauchbaren Wagen durch eine felsige Gegend. Nach einigen Schwierigkeiten haben sie endlich ein Ziel erreicht. Doch in dem Moment, da Reshad vor Freude über das Erreichen des Zieles ausruft: »Wir haben's geschafft!« bricht die Ölwanne entzwei. Kein Stein lag im Weg, Reshad weiß keinen Ausweg mehr und bekommt darüber hinaus noch als Belehrung zu hören:

»Nun?« kam es aus dem Wagen. »Und wie erklärst Du Dir das?« »Vielleicht ist irgendetwas mit dem Motor los?« überlegte ich. »Nichts ist mit dem Motor los. Das war kein Stein. Du hast auf der ganzen Linie versagt, und nun sitzen wir hier fest, während die Nacht hereinbricht. Hast Du denn *nichts* behalten?« . . .
»Du bist den ganzen weiten Weg hierher nach Anatolien gekommen. Du hast mich in England gefragt, ob ich dir helfen wolle, und ich sagte Dir, daß es ein gefährlicher Weg ist und daß, wenn Du kein Vertrauen hättest, wir beide straucheln würden. Jede Stunde, die Du hier bist, habe ich auf Dich eingeredet, Du solltest Vertrauen haben. Vertrauen. Und was machst Du? Erst versagst Du jämmerlich bei der Mutprobe und benimmst Dich wie ein etwas zu lang geratener Schuljunge — so hast Du vor Angst gesabbert auf dem Berg. Und dann merkst Du nicht einmal, daß Du versagt hast, und verkündest, kaum bist Du unten angekommen, lauthals, Du hättest es geschafft. Als ob Du überhaupt etwas schaffen könntest. Du, mein Freund, bist nichts, und je eher Du das einsiehst, desto eher wirst Du imstande sein, wenigstens eine Ahnung davon zu bekommen, was es mit diesem Pfad auf sich hat. . . .«
Mir gibt diese Stelle zu denken, denn oft schon machte ich dieselbe Erfahrung: Nach großer Anstrengung ist ein Ziel erreicht — aber es entschwindet, und was bleibt, ist Trauer über die Ausweglosigkeit. Da sind die Fragen berechtigt: Wie steht es tatsächlich mit meinem Vertrauen in Gott, daß nicht ich es bin, der die Geschicke lenkt, sondern er wirkt in meinem Alltag. Es gibt keinen Zufall, keine zufälligen Begegnungen mit Menschen oder Zusammentreffen von Ereignissen. Je mehr ich mir dies bewußt mache, um so deutlicher wird mir die Erkenntnis: Gott wirkt tatsächlich in allem. Nicht meine Leistung ist es allein, wenn etwas gelungen ist, sondern bei jeder Reflexion erkenne ich Situationen, die ich eigentlich anders geplant hatte als sie nun verlaufen sind. Und wie oft erkenne ich bei einem Mißlingen, daß ich glänzen wollte, nur meinen Weg akzeptierte und dann stolperte. Darum glaube ich auch, daß dieser Satz aus dem Epheser-Brief wahr ist: Gott kann in uns viel mehr wirken, durch uns weit größere Dinge schaffen, als wir sie erbitten oder ausdenken können. Und indem ich dies sehe, fühle ich mich

gedrängt, dies auch immer wieder zu sagen: Es gibt keine Situation, in der Auswegslosigkeit das Bleibende ist. In allem und hinter allem steht Gott, der unsere Geschicke immer wieder zu einem guten Ausgang führt.
Dabei werde ich selbst gar nicht kleiner, werde vielmehr bedeutender, da ich spüre, daß Gott mich sieht.
Unter all den Millionen weiß ich: Gott hat mich beim Namen gerufen. Er weiß um mich. Er vollendet das, was ich nicht leisten kann. Er nimmt mich an; was ich tue, ist ihm wichtig.
So kann ich auch dem zweiten Teil dieser Epheser-Stelle zustimmen: »er werde verherrlicht durch die Kirche und durch Christus Jesus durch alle Zeit«. Wenn wir nämlich die Erfahrung weitergeben, wird Gottes Größe den Menschen als Befreiung offenkundig werden. Wenn wir uns in der Gemeinschaft derer, die seine Nähe, seine Wirklichkeit glauben, bestärken und gegenseitig unsere Erfahrungen Gottes im persönlichen Lebensraum austauschen, so wachsen wir mehr und mehr zusammen. Und unser Zeugnis macht andere nachdenklich, wirkt verändernd in den meßbaren Raum unserer Geschichte und schließt sich im Lob zusammen: Denn Dein ist das Reich und die Kraft und die Herrlichkeit in Ewigkeit. Amen.

»Allerheiligen«

Allerheiligen ist doch ein recht seltsames Fest. Jedes Jahr erinnern wir uns einer Unzahl unbekannter Heiliger. Wir kennen nicht Namen, noch was sie getan haben, noch wo und wie sie gelebt haben. — Dabei ist doch gerade das für uns eine große Hilfe, wollen wir einen Heiligen wirklich verstehen.

Die Kirche stellt uns die Heiligen als Vorbilder dar, denen es nachzueifern gilt. Und oftmals gelingt es uns nicht einmal, Heilige zu verstehen, die uns bekannt sind, von denen wir Einzelheiten aus ihrem Leben kennen. Und dann sollen wir einen Tag begehen, an dem wir all der Heiligen gedenken, die unbekannt geblieben sind, von denen uns noch nicht einmal ein Name bekannt ist.

Ich sehe es als eine echte Hilfe an, wenn wir uns im NT orientieren. Dabei fällt mir besonders Paulus auf, der die Christen als »Heilige« bezeichnet. Viele Überlegungen sind bereits angestellt worden, was dies zu bedeuten habe; sicher werden wir es nicht sagen können. Jedoch schließen die meisten Exegeten, die Bibelwissenschaftler, daß der Begleittext einige Deutungen erlaubt. Und gemeinhin wird also angenommen, die Titulierung »Heilige« entspringe zunächst dem »Geheiligtsein« durch Jesus Christus. Er ist der Heilbringer, der den Menschen »Heil gebracht« hat, indem er uns einen Weg aus der Verstrickung unserer Fehler heraus gezeigt hat. Dieser Weg führt zu Gott, den uns Christus nahebringt. Er zeigt uns, daß unser Leben nicht sinnlos ist, daß wir nicht einfach von einem blinden Schicksal ins Leben geworfen wurden und nun sehen müssen, was wir damit anfangen. Nein, am Anfang steht die Liebe Gottes, die sich einem jeden von uns zuneigt. Er hat jeden Menschen gerufen und kennt uns beim Namen. Bei ihm ist unser aller Ort, in seiner Geborgenheit können wir uns alle finden.

Das bedeutet sehr viel, bedenken wir doch, wie traurig und hoffnungslos wir alle sicher schon einmal gewesen sind. Wie viel bedeutet es uns da, einen Menschen zu treffen, dem wir nicht gleichgültig sind, der uns sagt, daß er uns braucht, daß er uns liebt. Doch es gibt Situationen, in denen kein Ausweg zu sein scheint, wo wir uns total alleingelassen fühlen. Keiner ist da, dem wir etwas sagen könnten, keiner ist da, der uns etwas sagt. — In solchen Situationen ist Gott unser einziger stummer Zeuge. Aber er ist dennoch da. Vielleicht haben Sie es schon einmal erfahren, wenn Sie in einem Anliegen allein in einer Kirche gewesen sind. Vielleicht haben Sie schon einmal nahe beim Tabernakel ausgeharrt; können Sie sich dieser Erfahrungen noch erinnern? (Hätten Sie sich daraufhin noch umbringen können?) Hätten Sie dann immer noch die Einsamkeit als so drängend, so niederschlagend benennen können? — Ich glaube, in solchen Momenten spüren wir, daß Gott uns trägt, daß er wirklich diese Geborgenheit schenken kann, nach der wir Menschen so oft suchen.

Diese Erfahrungen sind »ansteckend«, sie lassen sich nicht für sich behalten. Denn dann ist Ihnen Gott begegnet. Und ich glaube nicht, daß man davon sprechen könnte, dies alles sei nur »Einbildung«. Denn wenn Gott in uns »eingebildet« ist, wenn die Erfahrung seiner Nähe uns Kraft gegeben hat, uns zu neuem Leben, zu einem neuen Versuch angeregt hat, dann ist es eine gute »Einbildung«, denn dann wird seine Liebe lebendig durch uns, weil wir sie dann weitertragen müssen, nicht für uns behalten können.

Die Apostel und die Schar der Jünger, die Jesus auf seinem Weg begleiten durften, müssen diese Nähe Gottes in besonderer Weise gespürt und erfahren haben, denn Jesus bedeutete ihnen sehr viel. In seiner Nähe fühlten sie sich geborgen. Wenn sie in seiner Nähe waren, spürten sie keine Angst — die Zeit nach der Kreuzigung Jesu bis zu Pfingsten bestätigt dies; damals waren sie verängstigt und hatten sich eingeschlossen, trafen sich nur heimlich; doch ab Pfingsten, nachdem ihnen Sicherheit gegeben war in ihrem Suchen nach Gott, nachdem ihnen Gott durch seinen Heiligen Geist Erleuchtung und Kraft gegeben hatte, da schafften sie es plötzlich, da konnten sie ihre Ängste überwinden, da konnten sie sich aufmachen und Jesu Botschaft weitertragen: durch Gott hatten sie eine Botschaft bekommen, durch Gott waren sie getragen in ihrem Bewußtsein, daß er nun in ihnen lebt. Und dann konnten sie, geheiligt durch ihn, Heilbringer sein für andere Menschen. Nun konnten sie in seinem Namen Kranke heilen, ihr Wort war nun vielen Hilfe aus ihren Ängsten.

In diesem Sinne bezeichnet Paulus die Christen als »Heili-

ge«, als die, die von Gott »Heil erfahren« haben und nun nicht schweigen können über das, was sie gesehen und gehört haben, wie er an anderer Stellte bekennt. Nein, nun haben sie begriffen, daß das Heil für alle Menschen da ist, daß sie durch ihr Leben anderen »Heil bringen« und so Zeugnis geben für Christus.
Ich glaube, mit den »Heiligen«, derer wir heute gedenken, verhält es sich nicht anders. So erfuhren z. B. Kranke und Bettler Heil, wenn sie in der Nähe von Elisabeth von Thüringen waren; so erlebten Arme das Heil, wenn sie von Franziskus von Assissi besucht wurden; so erlebten Menschen das Heil, wenn sie durch den Hl. Bonifatius oder den Hl. Kilian von ihrem Glauben an die Dämonen und ihre Macht befreit wurden; so erlebten andere wiederum das Heil, wenn sie von Hl. Eremiten Hilfe bekamen bei der Lösung ihrer Probleme — die Reihe ließe sich noch lange so fortführen. Doch eines ist allen bekannten Heiligen gemeinsam: Wo immer sie lebten, fanden die Menschen um sie herum ihr Heil, sie bekamen Hilfe, sie wurden gerettet, sie fanden neue Hoffnung, sie fühlten sich geborgen.
Ich glaube, daß es daher so viele Heilige gibt, deren Namen niemand weiß außer den Menschen, die durch sie Heil erfuhren. Ich glaube auch, daß es heute noch eine ganze Menge heiliger Menschen gibt, die selbstlos leben, damit auch einmal das Nachdenken für uns, für jeden einzelnen, lohnt, ob wir so leben, daß andere Menschen durch uns Heil erfahren, ob sich andere Menschen bei uns ausruhen können, sich geborgen fühlen, ob sich andere Menschen in unserer Nähe zu neuer Hoffnung ermuntert sehen.
So unmodern ist das eigentlich gar nicht, sich zu bemühen, als heiliger Mensch zu leben, zu versuchen, seine eigene Person zurückzustellen, damit anderen geholfen werden kann. — Ist es nicht eine besondere Not unserer Zeit, daß viele Menschen nicht mehr genug Zeit füreinander finden, daß der sog. Streß uns dazu bringt, anderen gegenüber ungerecht oder hart zu erscheinen, weil wir ihm nicht gebührend Anerkennung in seiner Eigenheit schenken? Wir wollen so gern die anderen zu guten Menschen machen, allerdings so, wie wir uns das vorstellen — aber paßt das auch zu dem Bild des anderen? Ist er nicht ein ganz anderer Mensch mit eigener Geschichte und mit einer anderen Entwicklung? Muß da

nicht auch sein Lebenssinn ein ganz anderer sein als der, wie wir ihn gerne hätten?

Heilige zu sein, Heilbringende zu sein, das ist ein Ziel, das sich zu jeder Zeit lohnt. Es muß nicht in großen Dingen seinen Niederschlag finden, von denen dann jedermann spricht; das können wir oft ja gar nicht. Aber in der Umgebung, in der wir leben, sollten wir uns wieder erneut darum bemühen, Heil zu bringen. Das kann schon dadurch geschehen, daß Sie sich wieder einmal Zeit nehmen für Ihre Familie, damit sie heil bleibt, weil Probleme sie belasten. Das kann auch am Arbeitsplatz sein, wo Sie sich nun doch einmal aufraffen und ein gutes Wort für Manfred einlegen, den keiner so recht leiden kann, und von dem nur Sie wissen, warum er sich oftmals so seltsam benimmt.

Allerheiligen ist eigentlich doch ein sehr modernes Fest! Denn es zeigt uns wieder erneut unseren Auftrag. Spüren wir doch, daß der christliche Glaube keine Leerformel ist, daß ich sonntags aus Gewohnheit etwas fülle, sondern daß es eine Lebenshaltung ist, die mein ganzes Tun durchwaltet, die andere erkennen läßt, daß das Leben nicht hoffnungslos ist, auch wenn es manchmal so aussieht. Ja, Allerheiligen weist uns darauf hin, daß nicht der Psychotherapeut der Retter aus der Not ist, sondern wir dafür mitsorgen müßten, daß es erst gar nicht so weit kommt. Allerheiligen ist der Tag, der uns wieder sprechen läßt:

> Herr, mach mich zu einem Werkzeug Deines Friedens,
> daß ich Liebe übe, wo man sich haßt,
> verzeihe, wo man sich beleidigt,
> verbinde, da wo Streit ist,
> die Wahrheit sage, wo der Irrtum herrscht,
> den Glauben bringe, wo der Zweifel drückt,
> die Hoffnung wecke, wo Verzweiflung quält,
> Dein Licht anzünde, wo die Finsternis reagiert,
> Freude mache, wo der Kummer wohnt.

Denn dann haben wir begriffen, daß die Heiligen uns den Weg Jesu vorgelebt haben, daß Glück war, wo sie waren, und daß Heil überall dort sein soll, wo wir leben.

»Erntedank«

Wahrscheinlich sind die meisten von uns zum heutigen Gottesdienst gekommen wie auch sonst zu den übrigen Sonntagen. Möglicherweise haben nur wenige daran gedacht, daß wir heute einen besonderen Tag begehen. Erst der Altarschmuck gab uns den Hinweis, daß heute »Erntedanktag« gefeiert wird.

Aber ich bin mir sicher, daß viele von uns beim Anblick dieses herrlichen Erntedankaltares überlegt haben, welch große Gabe dieses Brot ist. Die Älteren unter uns, die schon einmal Entbehrung und Not erdulden mußten, werden daran erinnert worden sein, wie sie sich einst nach einem Stückchen guten, kräftigen Brot gesehnt haben. Damals wußten es alle zu schätzen.

Doch auch vom Brot auf unseren Tisch gilt: »Brot vom Himmel hast Du ihnen gegeben!« Denn Herr aller Ernte bleibt Gott, der die Erde erschuf und sie mit Leben und Wachstum erfüllte. All unsere Arbeit wäre sinnlos, wenn nicht vorher ein anderer sein Werk getan hätte, wenn nicht vorher das schöpferische »Es werde« gesprochen worden wäre. So auch unsere Maschinen, die uns soviel Mühen abnehmen, sie tragen den Namen ihrer Konstrukteure. Sie funktionieren nur deshalb, weil zuerst ein denkender Mensch seinen Geist und seine Erfindungsgabe in sie hineingesteckt hat.

Wenn wir also heute danken, muß das ein anderer Dank sein als der früherer Generationen. Wir sind heute nicht die einfachhin passiven, die untätigen Beschenkten. Denn tatsächlich leben wir von dem Brot, das wir uns »im Schweiße unseres Angesichtes« erringen. Das war gewiß schon immer so. Und doch — der Bauer hing früher mehr und deutlicher an vielen unsichtbaren Fäden, welche eine übermächtige »Natur« in den Händen hielt und zog. Der heutige Mensch erlebt den Fertigungsprozeß nicht mehr derart mit als er noch vor einigen Jahren sah, welches Mühen es kostete bis z. B. ein fertiges Brot vor ihm auf dem Tisch lag. Doch auch über diesen Fortschritt dürfen wir uns freuen. Denn auch die Freude über den Erfolg steht uns Christen gut an. Daß die Landwirtschaft ihre Produktion nunmehr steigern kann, daß uns Forschung und Technik immer neue Möglichkeiten

erschließen, daß wir den Gewalten der Natur gegenüber immer unabhängiger und selbständiger werden, daß wir wohlhabender sind als Generationen vor uns und uns mehr leisten können als nur das zum Leben unbedingt Notwendige: Auch dafür dürfen und sollen wir danken, den Menschen danken, die es schufen und Gott, der die Möglichkeiten dazu gab.
Doch sollten wir uns auch nicht entgehen lassen, wie viel direkten Kontakt zur Natur wir verloren haben. Erst wenn wir im Urlaub Gebiete kennenlernen, die noch wenig von Menschen und ihrem Zugriff berührt sind, spüren wir ein wenig von der Macht und Größe dessen, der solches schuf. Wir nennen diese Gebiete »Letzte Paradiese« und hoffen, daß sie noch so erhalten bleiben mögen.
Aber nicht nur in der »freien Natur« sind wir von der Macht Gottes umgeben, sondern ebenso in der Welt der Technik und Industrie. Auch hier begegnen wir dem »Schöpfer des Himmels und der Erde«, denn Gott ist der Ursprung aller Kräfte und Fähigkeiten, auch hier ist seine Welt.
Das Konzil drückt dies so aus: (Über Kirche und Welt von heute): »Eines steht für den Glaubenden fest: das menschliche Schaffen und Bemühen, die Lebensbedingungen zu verbessern, entspricht der Absicht Gottes. Den Christen liegt es fern zu glauben, daß die vom Menschen geschaffenen Werke einen Gegensatz zu Gottes Macht darstellen, so daß das Geschöpf dem Schöpfer gleichsam als Rivale gegenübertrete. Sie sind im Gegenteil davon überzeugt, daß die Fortschritte der Menschen ein Zeichen der Größe Gottes sind«.
Also sollten wir sagen: wir haben der Natur abgerungen, was wir heute auf die Altäre legen: wir, d. h. diese ganze Gesellschaft, die Wissenschaft, die Technik, die Arbeit, das Geschick und die Ausdauer. Wer kann sinnvollerweise noch eng und voreingenommen sein gegen andere Berufe und andere Völker, wenn er bedenkt, wie sehr wir aufeinander angewiesen sind! Bei einer einzigen Mahlzeit z. B. nehmen wir am Erntesegen und an der Arbeit vieler Länder teil: Getreide aus Frankreich, Hähnchen aus Holland, Gemüse aus Italien, Käse aus der Schweiz, Obst aus Israel, Kaffee aus Südamerika! Wir freuen uns heute, daß die Menschheit immer mehr zusammenwächst, daß sich die Räume der Zusammenarbeit weiten. Und wenn wir nun, hoffentlich, kei-

nen Hunger zu leiden brauchen, dann ist dies ein Grund zu danken — allen Beteiligten zu danken und demjenigen, der uns alles Nötige geschenkt hat: Wissen, Fleiß, Ausdauer. Aber damit fängt erst an, was der erste Blick als Lösung der Aufgabe ansehen mag. Denn all dies muß uns erst recht hungrig machen nach einem Mehr an Liebe, an Güte, an menschlichen Begegnungen, an Friede, an erfülltem Leben. Ich meine, unsere Erntedankfeier ist nicht nur immer noch, sondern gerade heute besonders sinnvoll. Wir werden unseren Dank in die Worte des Hochgebetes fassen: »Ja, es ist würdig Dir zu danken, es ist recht, Dich zu preisen, allmächtiger Vater. Du wohnst in unzugänglichem Licht und doch hast Du alles erschaffen, denn Du bist die Liebe und der Quell des Lebens. Du erfüllst Deine Geschöpfe mit Segen und erfreust uns alle mit dem Glanz Deines Lichtes. Dafür danken wir Dir heute und immer«.

Vom selben Autor sind erschienen:

Norbert Bug

Öffne mich, Herr

Meditationen, Ansprachen und Gebete
im Lesejahr A

Für einen neuen Anfang

Meditationen, Ansprachen und Gebete
im Lesejahr B

jeder Band rund 220 Seiten, broschiert

Die Bücher von Norbert Bug möchten eine Hilfe sein für all jene, die sich Sonntag für Sonntag darum bemühen, Christi Botschaft zu verkünden.

Darüber hinaus sind diese Schriften aber auch eine anregende Lektüre für jeden engagierten Christen zum besseren Verständnis der Heiligen Schrift und zur Vertiefung des eigenen Glaubens.

Der Gläubige findet in den Texten zudem wertvolle Anregungen für die Vorbereitung auf den sonntäglichen Gottesdienst.

Für jeden Sonntag des Jahreskreises hat der Autor einen kurzen einführenden Text verfaßt, der sowohl als kleine Predigthilfe wie als Einstieg in eine Meditation Verwendung finden kann. In einem bittenden Gebet werden die Gedanken des Sonn- oder Feiertages noch einmal zusammengefaßt.

»Eine wertvolle Hilfe«
(Bonifatiusbote, Fulda)